MÉMOIRES

SUR LES

OUVRAGES DE DÉFENSE

CONTRE LES INONDATIONS

PARIS. — IMP. SIMON RAÇON ET COMP., RUE D'ERFURTH, 1.

MÉMOIRES

SUR LES

OUVRAGES DE DÉFENSE

CONTRE LES INONDATIONS

PAR

M. COMOY

INSPECTEUR GÉNÉRAL DES PONTS ET CHAUSSÉES

DEUXIÈME ÉDITION, REVUE ET MODIFIÉE

PARIS

DUNOD, ÉDITEUR

LIBRAIRIE DES CORPS IMPÉRIAUX DES PONTS ET CHAUSSÉES ET DES MINES

49, QUAI DES AUGUSTINS, 49

1868

AVIS

SUR CETTE DEUXIÈME ÉDITION

Les mémoires réunis dans ce volume ont été publiés séparément en 1861.

Ils ne constituent pas un traité complet de la matière, et ne touchent qu'à quelques points de l'importante question des inondations.

Le premier mémoire reproduit presque textuellement celui de 1861, à l'exception des considérations au moyen desquelles on établit que l'endiguement des rivières augmente le débit maximum des crues ; proposition importante dont je crois avoir donné une démonstration plus complète dans cette deuxième édition.

Le second mémoire est formé de la réunion de deux écrits publiés en 1861, l'un intitulé : *de la Question des inondations, et de la défense des plaines submersibles;* et l'autre : *Observations sur l'emploi des digues submersibles.* Le second de ces écrits ne formait que le développement nécessaire de propositions contenues dans le premier. Il m'a paru convenable de fondre ces deux écrits en un seul.

Aux renseignements que renfermaient les mémoires de 1861, sur les crues de 1846 et de 1856, j'ai ajouté ceux qui concernent la crue de 1866.

TABLE

PREMIER MÉMOIRE

CONSIDÉRATIONS SUR L'ENDIGUEMENT DES RIVIÈRES

SECOND MÉMOIRE

DE LA DÉFENSE DES PLAINES SUBMERSIBLES

PARIS. — IMP. SIMON RAÇON ET COMP., RUE D'ERFURTH, 1.

PREMIER MÉMOIRE

CONSIDÉRATIONS

SUR

L'ENDIGUEMENT DES RIVIÈRES

CONSIDÉRATIONS

SUR

L'ENDIGUEMENT DES RIVIÈRES

I

AVANT-PROPOS

Les digues que l'on construit le long des rivières ont donné lieu à de nombreuses controverses qu'ont ravivées les études récemment entreprises sur les inondations.

Ce genre d'ouvrage a été préconisé par les uns comme le seul qui ait une valeur réelle pour défendre les plaines submersibles, et attaqué par les autres comme la principale cause des désastres qu'occasionnent les inondations.

Les digues, disent les premiers, constituent un moyen de défense simple, naturel, auquel recourent d'abord, en tout pays, les possesseurs des plaines submersibles, et dont l'efficacité est telle qu'inévitablement elle amènera l'endiguement de tous les cours d'eau.

Les digues, disent les seconds, surélèvent les eaux d'une manière très-nuisible. On ne peut jamais être assuré de les faire assez hautes pour qu'elles ne soient pas surmontées. Leur rupture occasionne de grands ravages, et d'autant plus que l'on a fait plus d'efforts pour les rendre insubmersibles.

Suivant les uns, il ne faut pas chercher un autre moyen de lutter contre les inondations.

Suivant les autres, il faut les proscrire et détruire ou tout au moins abaisser celles qui existent.

Adhérents et détracteurs vont trop loin et se trompent. Les digues ne méritent

Ni cet excès d'honneur, ni cette indignité.

Comme toutes choses en ce monde elles ont leur bon et leur mauvais côté. Très-utiles, indispensables même en certains lieux, en certaines circonstances, elles peuvent devenir nuisibles en d'autres lieux, en d'autres circonstances.

Il serait sage de les admettre ou de les rejeter suivant les cas. Mais il faut avoir pour cela des notions exactes et précises sur leur mode d'action et sur les conséquences qu'elles entraînent.

Cette étude est certainement très-digne d'intérêt. Si elle n'a pas été faite jusqu'à présent d'une manière complète, c'est d'abord parce que l'esprit de système s'est malheureusement emparé de la question; ensuite parce que les occasions ont manqué aux ingénieurs pour pénétrer dans tous les détails de l'action de ces ouvrages. Il a fallu, pour leur permettre de le tenter, toute la suite donnée aux études depuis 1856, par l'organisation spéciale des services d'inondations.

Je viens présenter quelques considérations sur cette importante matière : et je serais heureux de contribuer, pour si peu que ce fût, à faire disparaître l'obscurité qui l'entoure.

Il ne s'agit d'ailleurs dans ce mémoire, et j'insiste sur cette observation, que des digues insubmersibles. Les digues submersibles ont de tout autres conditions d'existence, et produisent d'autres effets. J'en parlerai dans le mémoire suivant.

II

INFLUENCE DES DIGUES SUR LA HAUTEUR DES CRUES

Si en un point A d'une rivière on diminue la largeur de la section d'écoulement, un débit D qui auparavant donnait lieu à une hauteur d'eau H, produit alors une hauteur H' plus grande que H.

Si L et L' sont les deux largeurs de la section d'écoulement avant et après le resserrement du lit, on a pour valeur de la nouvelle hauteur H'

$$H' = H\sqrt[3]{\frac{L^2}{L'^2}}.$$

Cette formule est établie en admettant que D soit constant, ou en d'autres termes que le débit soit permanent.

Elle ne cesse pas d'être applicable, dans ce cas, de quelque manière que l'on modifie les largeurs du lit de la rivière en amont du point A. Car ces modifications n'altèrent pas la permanence du débit.

Mais elle ne peut plus donner exactement la valeur de H' en temps de crue, parce que tout changement dans le lit de la rivière modifie alors le débit maximum D de la crue, lui-même.

C'est un point qu'il faut d'abord éclaircir.

Pour simplifier les explications, je supposerai que la crue soit le résultat d'une pluie unique, qu'elle n'ait par conséquent qu'une période de croissance et une période de décroissance, sans recrudescence.

Le débit maximum que prend la crue en un point A de la rivière dépend :

1° De l'étendue de la zone sur laquelle la pluie est tombée en amont du point A;

2° De l'intensité de la pluie;

3° De sa durée;

4° De la déclivité des coteaux;

5° De la perméabilité des terrains;

6° Enfin de l'étendue des plaines submersibles en amont du point A.

Les cinq premiers éléments sont tout à fait indépendants de la nature du lit de la rivière et des modifications qu'on peut lui faire subir. Je n'en parlerai pas davantage.

Mais le dernier prend une grande importance dans la question qui nous occupe. Il est nécessaire d'examiner avec détail son mode d'action et son influence sur le débit maximum de la crue.

La quantité d'eau qui s'écoule dans un fleuve pendant toute la durée d'une crue, en sus du débit ordinaire, forme ce que l'on appelle le *débit total* de la crue.

Ce débit total se compose de la somme des débits partiels par seconde qui augmentent de l'origine de la crue au débit maximum, et décroissent ensuite jusqu'à un certain débit minimum qui dépend des circonstances atmosphériques du moment.

Si au moyen des observations faites au point A pendant la durée d'une crue, on construit une courbe C D F, dont les abscisses soient les temps et les ordonnées les débits que donnent au point A les hauteurs d'eau observées, on aura ce que l'on appelle la courbe des débits de la crue au point A. L'aire de cette courbe au-dessus de l'état ordinaire des eaux donne le débit de la crue au point A.

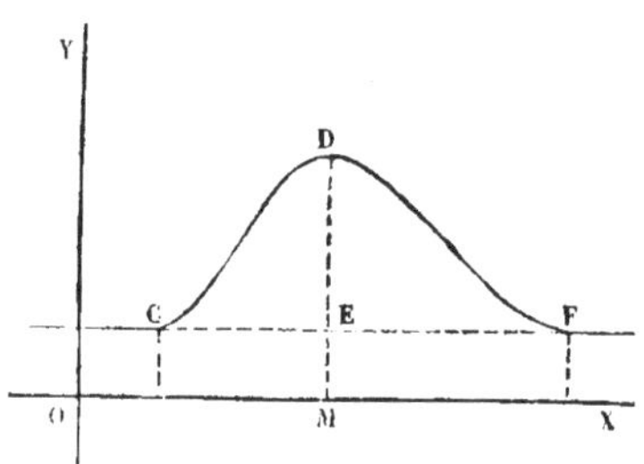

Le débit total de la crue se décompose en deux parties : le débit C D E de la période de croissance, et le débit E D F de la période de décroissance.

Le débit total a une valeur particulière en chaque

point du fleuve suivant l'importance et la répartition des affluents.

La valeur que prend le débit total, en un point donné, ne change pas, pour une même crue, de quelque manière que l'on modifie le lit du fleuve et le mode d'écoulement des eaux.

Il n'en est pas de même pour les deux débits partiels des périodes de croissance et de décroissance. Ces deux débits peuvent varier quand on change les circonstances dans lesquelles la crue s'écoule. Mais leur total devant rester constant, si l'un deux varie dans un sens, l'autre doit nécessairement varier en sens contraire.

Les deux figures ci-dessous représentent les changements que subit la courbe des débits, quand les débits totaux partiels de croissance et de décroissance éprouvent des variations.

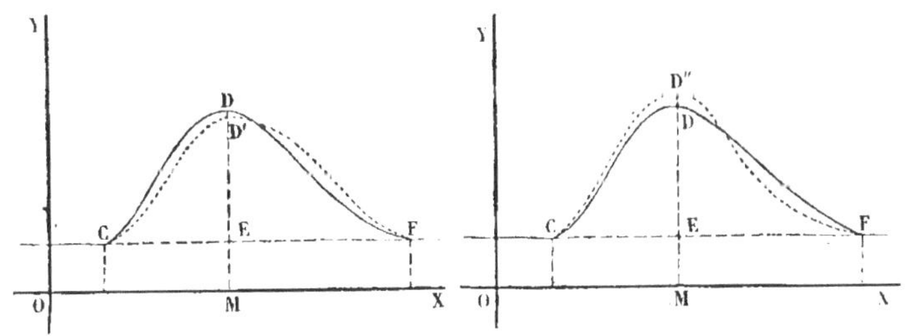

La courbe des débits, CDF, se transforme suivant CD'F si le débit total de la période de croissance diminue, et suivant CD''F si ce débit augmente.

Dans les fleuves à crues rapides, une crue constitue un grand flot qui a généralement moins de longueur que le fleuve lui-même ; et les crues ont souvent cessé dans les parties supérieures du fleuve avant qu'elles se manifestent dans les parties inférieures [1].

Le volume de ce flot forme le débit total de la crue ; et si l'on considère ce qui se passe en un point A situé vers la région moyenne ou inférieure du fleuve, à l'instant où le maximum de la crue passe en ce point, le volume d'eau contenu, à ce moment, dans le lit du fleuve en amont du point A, au-dessus du plan des eaux ordinaires, est évidemment égal au débit total de la période de décroissance de la crue en A [2].

[1] C'est ainsi que les choses se passent sur la Loire qui a 980 kilomètres de longueur, dont la source est à 1400 mètres au-dessus du niveau de la mer. et qui présente dans sa partie supérieure, des coteaux très-abrupts et des pentes très-fortes.

Sur les rivières à crues lentes, les résultats sont différents. Il arrive même souvent qu'au moment où le maximum de la crue parvient à l'extrémité inférieure de la rivière, il existe encore une crue sensible dans les régions supérieures. Cela se présente sur les rivières dont les sources se trouvent sur des plateaux peu élevés, et qui coulent au milieu de plaines submersibles très-grandes.

Mais sur les rivières à crues rapides le fait que j'ai énoncé se présente presque toujours ; et ce sont les rivières de cette nature que j'ai principalement en vue dans cet écrit.

[2] Si en amont du point A. et sur l'étendue qu'occupe la crue, il existait des affluents dans lesquels la crue se fit encore sentir, il est entendu que le volume de l'eau contenue dans ces affluents, au-dessus de l'état ordinaire des eaux, devrait être ajouté à celui qui se trouve dans le lit même du fleuve, pour former le volume qui représente le débit total de la période de décroissance.

Il résulte de là que si, par un moyen quelconque, on *augmente* ou l'on *diminue* le volume des eaux qui, à l'instant du maximum de la crue au point A, restent dans le lit du fleuve en amont de ce point, on aura *augmenté* ou *diminué* le débit total de la période de décroissance de la crue en A.

Mais, d'après ce que nous avons dit plus haut, on ne peut *augmenter* ou *diminuer* le débit total de la période de décroissance sans apporter une modification inverse dans celui de la période de croissance qui sera, de cette manière, *diminué* ou *augmenté*. Donc si l'on *augmente* ou si l'on *diminue* le volume d'eau contenu dans le lit du fleuve en amont du point A, l'instant où le maximum de la crue se fait en ce point, on apportera une *diminution* ou une *augmentation* dans le débit total de la période de croissance.

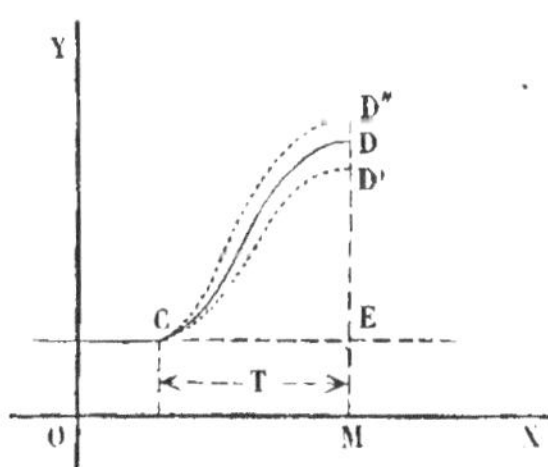

Pour que dans le même temps T, ou dans un temps peu différent (je reviendrai plus loin sur cette considération de durée de la période de croissance des crues) le débit total de la période de croissance, représenté par l'aire CDE, devienne *plus faible* ou *plus fort*, il faut nécessairement que le débit maximum, par seconde MD *diminue* ou *augmente*, qu'il prenne la valeur MD′, ou la valeur MD″.

Donc à une *augmentation* ou à une *diminution* du volume d'eau contenu dans le lit du fleuve en amont du point A, à l'instant où le maximum de la crue arrive en ce point, correspond une *diminution* ou une *augmentation* du débit maximum par seconde, de la crue en A.

Au moyen des considérations qui précèdent, l'appréciation des changements que tels ou tels travaux peuvent apporter dans le débit maximum, par seconde, des crues, en un point donné, se trouve ramenée à celle des modifications que ces travaux occasionnent dans le volume d'eau qui, à l'instant du maximum, se trouve contenu, ou autrement dit, emmagasiné dans le lit et la vallée du fleuve, en amont du point que l'on considère.

Dans l'état naturel, les eaux des crues couvrent une certaine surface des plaines qui accompagnent les fleuves; et l'emmagasinement dépend de l'étendue de ces plaines. Le débit maximum des crues est d'autant plus faible, toutes choses égales d'ailleurs, que les plaines submersibles sont plus grandes.

On ne peut pas augmenter la superficie des plaines submersibles ; et l'emmagasinement ne peut être rendu plus fort qu'au moyen de réserves artificielles dont nous ne nous occupons pas en ce moment.

Mais on peut diminuer l'étendue des plaines submergées pendant les crues. C'est ce qui arrive quand on endigue une partie des plaines submersibles.

Examinons comment l'endiguement modifie l'emmagasinement qui se produit à l'instant du maximum de la crue, en amont du point A que l'on considère ; ce qui, d'après ce qui a été dit plus haut, donne le moyen d'apprécier le sens dans lequel la diminution des plaines submergées fait varier le débit maximum des crues.

Je supposerai que le point A soit situé dans la partie d'aval d'une plaine submersible ayant une assez grande longueur, 20 kilomètres par exemple, et que l'on endigue le lit du fleuve sur toute la longueur de cette plaine.

L'endiguement produit un double effet. D'une part, il enlève à l'emmagasinement toute la tranche d'eau qui, à l'instant du maximum de la crue, couvrait la plaine soustraite à la submersion ; et d'autre part il détermine une surélévation de la crue dans le lit endigué du fleuve et ajoute ainsi à l'emmagasinement une tranche d'eau ayant la superficie du lit endigué sur toute la longueur de l'endiguement, et une hauteur égale à la surélévation de la crue.

A cette dernière tranche il faut ajouter le volume du remous produit par la surélévation de la crue, en amont de l'endiguement. Mais ce volume est faible, en général, comparativement à celui que produit la surélévation de la crue sur toute la longueur de l'endiguement. Je le négligerai pour le moment, dans les calculs qui vont suivre ; sauf à y revenir plus loin.

Il s'agit de comparer le volume de la tranche supprimée de l'emmagasinement par la protection de la plaine submersible, avec celui de la tranche ajoutée à l'emmagasinement par la surélévation de la crue dans le lit endigué.

On peut présumer, dès l'abord, que le volume ajouté est moindre que le volume retranché ; car, dans le cas d'endiguement, l'écoulement qui se fait sous de plus grandes hauteurs d'eau, et par suite avec de plus grandes vitesses que dans l'état naturel, exige des sections moindres et donne par conséquent lieu à un moindre emmagasinement. Mais la question est trop importante pour que l'on puisse se contenter d'un pareil aperçu général. Examinons-la de plus près.

Les deux tranches dont on veut comparer les volumes ayant à très-peu de chose près la même longueur, il suffit de comparer leurs sections verticales.

On connaît les éléments suivants de la question :

L la largeur du lit endigué ;

l la largeur de la plaine protégée par les digues ;

H la plus grande hauteur de la crue dans le lit du fleuve avant l'endiguement ;

h la hauteur que les eaux prenaient sur la plaine submersible, à l'instant du maximum de la crue, avant l'endiguement.

Il s'agit de déterminer la hauteur X que prendra la crue dans le lit endigué, et pour cela de reconnaître d'abord ce que deviendra le débit maximum par seconde de la crue après l'endiguement.

La science de l'hydraulique ne donne pas le moyen de résoudre directement cette question. Mais on peut arriver à fixer le sens et même la valeur de la modification du débit maximum de la crue par le procédé suivant :

Supposons d'abord que le débit maximum de la crue ne soit pas modifié par l'endiguement, et examinons les conséquences de cette hypothèse.

La valeur de X, dans cette hypothèse, est celle qui convient au débit maximum de la crue tel qu'il existait avant l'endiguement ; débit maximum qui se composait de la somme des débits du lit du fleuve et de la plaine submersible.

Afin de mieux fixer les idées, et pour simplifier cette étude, je ferai les calculs dans un cas particulier, et sur un exemple numérique. Je supposerai que l'on ait :

$$L = 300^m$$
$$l = 1000^m$$
$$H = 5^m$$
$$h = 2^m$$

Employant pour les calculs de débit la formule simplifiée des ingénieurs italiens, et faisant disparaître les coefficients et lès termes communs ; admettant en outre, ce qui peut se faire sans erreur sensible, avec les grandes largeurs des fleuves et des plaines submersibles, que le rayon moyen soit égal à la hauteur d'eau, dans le lit du fleuve comme dans la plaine submersible, la relation d'égalité entre le débit du lit endigué et la somme des débits du lit et de la plaine avant l'endiguement, s'écrit de la manière suivante :

$$L\sqrt{X^3} = L\sqrt{H^3} + l\sqrt{h^3}$$

Calculant X d'après cette formule et avec les données numériques ci-dessus indiquées, on trouve :

$$X = 7^m,515$$

Dès lors les sections verticales des tranches d'eau que l'endiguement supprime de l'emmagasinement ou y ajoute, auraient les surfaces suivantes :

Pour la tranche supprimée, $1000^m \times 2,00 = 2000^{mq}$
— ajoutée, $300^m \times 2,515 = 755$

Ainsi, en supposant, comme nous l'avons fait, que l'endiguement ne changeât pas le débit maximum de la crue, l'emmagasinement qui a lieu en amont du point A, à l'instant du maximum, deviendrait moins fort par suite de l'endiguement, puisque le volume d'eau supprimé serait à peu près triple du volume ajouté.

Mais, d'autre part, dans la même hypothèse, l'endiguement ne devrait apporter aucune modification dans la courbe des débits, puisque le débit maximum resterait le même. Par suite, le débit total de la période de décroissance conserverait la même valeur qu'avant l'endiguement.

Or ces deux conditions ne peuvent coexister ; car il n'y aurait plus alors entre le débit total de la période de décroissance et l'emmagasinement qui existe en amont du point A, à l'instant du maximum, l'égalité que nous avons reconnue être dans la nature des choses.

Donc l'hypothèse que nous avons faite n'est pas admissible, puisqu'elle conduit à un certain écart entre deux quantités qui doivent être égales. Par conséquent le débit maximum par seconde de la crue ne peut pas conserver, au point A situé en aval de l'endiguement, la valeur qu'il avait avant que l'endiguement ne fût construit[1].

[1] Nous avons raisonné dans un cas particulier. Mais la conclusion à laquelle

Pour faire disparaître l'écart que nous venons de reconnaître, il faut évidemment augmenter le débit maximum par seconde de la crue. Car cette augmentation produit un accroissement dans le débit total de la période de croissance, et par suite une diminution dans celui de la période de décroissance, en même temps qu'il augmente le volume emmagasiné en amont du point A, à l'instant du maximum, puisqu'à un plus fort débit maximum par seconde correspond nécessairement, dans le lit endigué du fleuve, une plus grande hauteur d'eau. L'écart signalé plus haut tend donc à diminuer à mesure qu'augmente le débit maximum de la crue ; et il y aura, par suite; un certain débit qui procurera l'égalité nécessaire entre le débit total de la période de décroissance donné par la courbe de débit modifiée, et l'emmagasinement qui a lieu dans le lit du fleuve, en amont

nous arrivons prend un caractère général, des conditions dans lesquelles on construit ordinairement les endiguements. Pour que l'écart signalé entre le débit total de la période de décroissance et l'emmagasinement qui existe en amont du point A, à l'instant du maximum, cessât d'exister, dans l'exemple que nous avons choisi, il faudrait en effet que la largeur de la plaine endiguée descendît jusqu'à 377 mètres. Or on ne défend pas de plaines aussi étroites. Il faut que les plaines submersibles aient une largeur plus grande pour que l'endiguement soit justifié. Les principales plaines endiguées de la Loire ont même des largeurs dépassant de beaucoup celle de 1,000 mètres employée dans les calculs précédents, et s'élevant jusqu'à 6, 8 et même 10 kilomètres.

On reconnaîtra d'ailleurs facilement que l'écart indiqué dans la discussion précédente sera d'autant plus marqué que la largeur de la plaine endiguée sera plus grande.

du point A, à l'instant du maximum. Ce débit sera celui que produira l'endiguement ; et, comme le démontrent les considérations qui précèdent, ce débit modifié sera plus fort que le débit maximum qui avait lieu avant l'endiguement.

Dans les calculs qui précèdent, j'ai négligé le volume du remous produit en amont de l'endiguement, dans le lit naturel du fleuve, par la surélévation de la crue entre les digues.

En supposant que le lit naturel, en amont de l'endiguement, ait 500 mètres de largeur et $0^m,50$ de pente par kilomètre, le volume du remous produit par la surélévation de $2^m,515$ ci-dessus calculée, serait d'environ 4,700,000 mètres.

Le volume de la tranche supprimée de l'emmagasinement par l'endiguement, sur la longueur admise de 20 kilomètres, serait :

$$20,000^m \times 1000^m \times 2,^m00 = 40,000,000 \text{ mèt.}$$

Celui de la tranche ajoutée à l'emmagasinement, dans le lit endigué, sur la même longueur de 20 kilomètres, serait :

$$20,000^m \times 300^m \times 2,515^m = 15,100,000 \text{ mèt.}$$

Ajoutant le volume du remous ci-dessus indiqué.............	4,700,000
On obtient pour volume total ajouté à l'emmagasinement....	19,800,000 mèt.

volume qui reste de beaucoup inférieur à celui de la tranche supprimée.

L'addition du volume du remous ne peut donc pas infirmer la conclusion que nous avons tirée de la comparaison des volumes des tranches d'eau enlevées de l'emmagasinement ou ajoutées à cet emmagasinement par le fait de l'établissement des digues.

J'ai supposé jusqu'ici que la durée de la période de croissance restait la même après qu'avant l'endiguement.

Or l'observation a démontré que constamment le maximum des crues se propage plus rapidement dans les lits étroits endigués, que dans les lits larges et bordés de plaines submersibles[1].

Après avoir fait l'endiguement de 20 kilomètres de longueur dont nous avons parlé ci-dessus, la durée de la période de croissance deviendrait donc sans doute un peu moins forte.

[1] Voici quelques faits qui justifient cette assertion.

Entre le Bec-d'Allier et Briare, avec un lit de 533 mètres de largeur moyenne, le maximum des crues survenues depuis 1856 s'est propagé avec une vitesse variant de 3 à 4 kil. 50 par heure. Tandis que plus bas, entre Briare et Orléans, où le lit n'a que 341 mètres de largeur moyenne, la vitesse du maximum des mêmes crues s'est élevé à 5 et 7 kilomètres par heure.

Il en résulte que la période de croissance est plus longue en amont qu'en aval de Briare. Deux crues observées en janvier 1860 ont donné les résultats suivants : aux différents points entre le Bec-d'Allier et Briare, les périodes de croissance ont duré 54 heures et 120 ; tandis qu'en aval, de Briare à Orléans, elles ont duré 49 heures et 112 heures.

La courbe de débit de la période de croissance, transformée par l'endiguement, ne serait donc pas C D', correspondant à la même durée T de la période de croissance que la courbe primitive C D ; mais elle deviendrait C D'', correspondant à un temps T' plus petit que T.

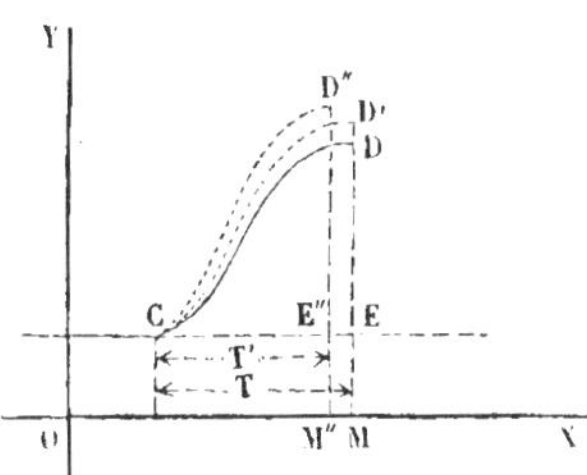

Cette diminution de durée de la période de croissance augmente encore le débit maximum par seconde de la crue ; car pour que l'aire C D''E'' soit égale à l'aire C D'E, avec un temps T' plus petit que T, il faut que D''M'' soit plus grand que D'M.

Il est donc établi par les considérations et les calculs qui précèdent, que dans les conditions où se trouvent ordinairement les plaines submersibles défendues contre les inondations, l'endiguement de ces plaines augmente le débit maximum par seconde de la crue en aval de l'endiguement.

Reste à déterminer la quotité de cette augmentation.

Ainsi que je l'ai déjà fait observer, on ne possède pas de formule qui permette de calculer directement la valeur du nouveau débit maximum créé par un endiguement, en fonction des éléments qui concourent à le former.

Mais ce qui précède conduit à une méthode approximative au moyen de laquelle on peut déterminer ce débit maximum par tâtonnement.

Les eaux doivent en effet s'exhausser dans le lit endigué jusqu'à ce qu'il y ait égalité entre ce qui s'écoule *en plus* au point A, pendant la période de croissance, par suite de l'exhaussement de la crue, et ce qui est emmagasiné *en moins*, en amont du point A, à l'instant du maximum, par suite de l'endiguement du fleuve.

En d'autres termes, il faut que la diminution apportée dans le volume d'eau contenu dans le lit du fleuve, en amont du point A, quand le maximum de la crue arrive en ce point, soit égale à l'augmentation de l'aire de la courbe des débits de la période de croissance au point A.

Connaissant la durée primitive de la période de croissance et la largeur naturelle du lit des grandes eaux du fleuve, on pourra calculer les valeurs des deux éléments ci-dessus indiqués qui correspondent à une certaine surélévation de la crue, pour un endiguement qui laisse au lit majeur du fleuve une largeur donnée, et en tenant compte de la moindre durée que doit prendre la période de croissance par suite de l'endiguement. On n'arrivera pas du premier coup à l'égalité de ces deux éléments, mais après quelques essais on saura déterminer la surélévation de la crue qui la produit.

Ce procédé de calcul a été appliqué au cas particulier défini plus haut, en admettant que la durée de la période de croissance ait été de 50 heures avant l'endiguement et soit réduite à 48 heures après l'endiguement.

On trouve que la crue ayant 5 mètres de hauteur dans le lit du fleuve avant l'endiguement, prendrait, après l'endiguement, une hauteur de 7m,895 au point A, que nous avons supposé situé à l'extrémité d'aval de la partie endiguée du fleuve.

Nous avons établi précédemment que le débit maximum primitif de la crue, avant l'endiguement, prendrait dans le lit endigué une hauteur de 7m,515

Donc l'endiguement produit une double augmentation dans la hauteur de la crue, savoir : une première augmentation de 2m,515 afférente au débit maximum primitif de la crue, forcé de s'écouler par la section plus étroite du lit endigué, et une seconde augmentation de 0m,38 afférente à l'augmentation qu'a subie le débit maximum primitif, par suite de la réduction apportée dans les surfaces sur lesquelles l'eau s'emmagasinait pendant les crues.

Le débit maximum par seconde qui, avec les données admises, était de 6,180 mètres avant l'endiguement, se trouve porté à 6,636 mètres après l'endiguement. La diminution opérée dans les surfaces sur lesquelles l'eau s'emmagasine augmente donc, dans le cas particulier que nous avons choisi, le débit maximum de la crue de 456 mètres cubes.

Si l'on adoptait pour lit endigué une largeur supérieure à 300 mètres, la partie de l'exhaussement de la crue due au rétrécissement du lit serait naturellement diminuée. Il en serait de même de la partie de l'exhaussement qui résulte de la diminution de surface des plaines submergées ; car la section verticale de la tranche d'eau ajoutée dans le lit endigué, par suite de la diminution d'emmagasinement, ayant alors plus de largeur, prendrait moins de hauteur ; et d'autant moins que la section verticale de la tranche d'eau retranchée de l'emmagasinement serait elle-même diminuée. Donc l'exhaussement total de la crue serait moindre.

On pourrait donc se donner l'exhaussement que l'on ne veut pas dépasser au point A, et calculer, par la méthode de tâtonnement ci-dessus indiquée, la largeur que l'on doit donner au lit des grandes eaux, entre les digues des deux rives, pour satisfaire à cette condition.

Je n'insisterai pas davantage sur ces procédés de calculs approximatifs. Mais j'ai cru devoir les mentionner d'abord parce qu'en l'absence de formules exactes ils donnent le moyen de déterminer d'une manière assez satisfaisante, pour certains cas particuliers, soit les conséquences d'un endiguement donné, soit les conditions d'existence d'un endiguement qui doit produire un débit et une hauteur d'eau déterminés; ensuite, parce qu'ils font plus clairement voir le mode d'action des digues longitudinales sur le régime des crues.

L'augmentation de hauteur des crues produite par un endiguement provient de deux causes, on ne saurait trop le redire : d'abord du resserrement produit par l'endiguement; ensuite de l'augmentation du débit maximum ; augmentation qui est la conséquence de l'endiguement lui-même, de la diminution que l'endiguement apporte dans la superficie des plaines submergées.

L'augmentation du débit maximum produit par l'endiguement n'est pas une chose simple qui se présente clairement, naturellement à l'esprit, et que l'on comprenne aussi facilement que l'accroissement de hauteur résultant d'un rétrécissement de section. Il n'est pas étonnant que les constructeurs des premières digues ne l'aient pas reconnue. Ce qui serait extraordinaire, c'est qu'ils eussent pu la pressentir. Aussi tous les endiguements ont-ils été d'abord, et malgré plusieurs exhaussements successifs, surmontés par les eaux.

Faudrait-il en conclure que l'on ne peut pas faire de digues réellement insubmersibles, comme quelques personnes l'ont prétendu? Je suis très-loin de le croire. L'art n'est pas impuissant à ce point.

Mais si le problème n'est pas insoluble, il n'est pas toujours susceptible d'une solution acceptable, soit au point de vue technique, soit au point de vue économique.

L'étude des conditions dans lesquelles les digues peuvent ou ne peuvent pas être utilement employées, est certainement l'une des plus graves et des plus intéressantes que présente l'art de l'ingénieur.

J'ai essayé de caractériser dans ce chapitre le mode d'action des digues et d'indiquer des procédés pratiques pour déterminer la hauteur que doivent avoir ces ouvrages, ou l'espacement qu'il convient de leur donner.

Avant de pénétrer plus avant dans cette étude, il est bon d'interroger les faits et de chercher des enseignements dans les grands endiguements construits.

Parmi les plus importants se trouvent ceux du Pô et

de la Loire. Je vais en donner une description sommaire.

III

DESCRIPTION DES ENDIGUEMENTS DU PÔ

Dans la partie intermédiaire de son cours, entre Valence et l'embouchure du Panaro, le Pô coule au milieu d'une vaste plaine limitée au nord par les Alpes, au sud par les Apennins, et ayant de 50 à 80 kilomètres de largeur.

Cette plaine élevée, que les eaux du fleuve ne peuvent atteindre, est coupée par un large sillon submersible, dans lequel le Pô a creusé son lit.

Ce sillon composait naturellement le lit majeur du fleuve, celui que couvraient les eaux pendant les inondations. Mais, au moyen de digues, on en a soustrait une partie à la submersion.

Les limites du lit majeur naturel sont marquées sur la carte ci-jointe (pl. 1), depuis Turin, au moyen de filets bleus. Elles forment la séparation de la haute plaine et de la basse plaine submersible.

Les digues sont tracées au vermillon.

Les terrains situés entre les lignes bleues et vermillon sont, par conséquent, ceux que les digues protégent contre les inondations. Ils sont teintés en vermillon clair.

Les terrains submersibles non protégés par les digues sont teintés en bleu clair.

La carte montre qu'il existe des digues, non-seulement sur les rives du fleuve, mais encore sur beaucoup d'affluents, et le long de tous les cours d'eau et canaux de la partie inférieure du bassin, en s'approchant de la mer.

Occupons-nous d'abord des digues du fleuve lui-même.

En amont de Crémone, les digues défendent des parties isolées de la plaine submersible, en se rattachant aux caps de la haute plaine [1].

A partir de Crémone, les digues sont continues sur les deux rives jusqu'à la mer, sans autre interruption que celles qui sont nécessitées par l'arrivée des affluents ; et les digues du fleuve se raccordent alors avec celles de ces affluents.

[1] Je n'ai pu me procurer le tracé des digues syndicales de la rive droite entre Valence et le torrent de Bardonnezza.

La largeur entre les digues des deux rives est très-variable.

En amont de Crémone elle est rarement inférieure à 2 kilomètres, et s'élève en plusieurs points à 3 et 4 kilomètres. Les largeurs différentes se succèdent d'ailleurs sans régularité, suivant les hasards des sinuosités du fleuve et le tracé des digues isolées construites dans cette partie de son lit.

Mais en aval de Crémone, la largeur entre les digues prend une assez grande régularité. Très-forte de Crémone à Isola Pescaroli, où elle atteint et dépasse même 6 kilomètres en plusieurs points, elle diminue ensuite progressivement et se trouve de 3^k,50 vers Stagno, de 2^k,50 à Casalmaggiore, de 2 kilomètres à Guastalla et de 1 kilomètre vers Borgoforte. Enfin, après l'embouchure du Panaro, le dernier affluent du Pô, les digues accompagnent le lit du fleuve jusqu'à une faible distance de la mer, ne laissant entre elles qu'une largeur qui, à l'exception de quelques élargissements isolés, se maintient entre 300 mètres et 500 mètres.

Voici d'ailleurs les largeurs moyennes exactes du lit majeur entre les digues, obtenues en divisant les superficies des différentes parties de ce lit, par les longueurs correspondantes du fleuve :

Du Tessin à Crémone	2^k,15
De Crémone à Isola Pescaroli.	4 ,53

D'Isola Pescaroli à Casalmaggiore.	3k,26
De Casalmaggiore à l'embouchure de l'Oglio. .	2 ,56
De l'embouchure de l'Oglio à celle du Panaro.	1 ,13

La largeur moyenne générale du Tessin au Panaro est de 2k,18.

En aval du Panaro, comme je l'ai dit ci-dessus, les digues du Pô ne laissent plus entre elles qu'un lit majeur de 300 mètres à 500 mètres de largeur. La carte montre en outre que les autres fleuves qui coulent parallèlement au Pô, tels que l'Adige et le Reno, et tous les cours d'eau et canaux de cette région, tels que l'Adigette, le canal Bianco, les anciens lits du Pô, appelés Pô de Ferrare, Pô de Volano et Pô de Primaro, sont accompagnés de digues semblables à celles du tronc inférieur du Pô.

L'endiguement général de tous ces cours d'eau est nécessité par la constitution des terrains qu'ils traversent.

J'ai dit précédemment qu'entre la plaine submersible du Pô et les montagnes des Alpes et des Apennins, se trouvent de hautes plaines inaccessibles aux eaux du fleuve.

Mais ces hautes plaines ne se prolongent pas jusqu'à proximité de la mer. Elles s'abaissent peu à peu et viennent se perdre dans la basse plaine par des pentes très-douces. A partir de Legnano sur la rive gauche, et de Cento sur la rive droite, toute la plaine serait submergée pendant les crues jusqu'à la mer, sur près de 100 kilomètres de longueur, si les cours d'eau, qui la traversent dans tous les sens, n'étaient pas contenus entre les digues.

On peut dire que, pour ces plaines immenses si peu élevées au-dessus de la mer et des basses eaux des fleuves, les digues remplissent contre les inondations le même rôle que celles de la Hollande contre la mer.

Dans un pays ainsi constitué, on ne peut tracer de limite entre les bassins des différents fleuves. Comme il fallait cependant arrêter quelque part les teintes de la carte, j'ai adopté, pour cela, les cours de l'Adige et du Reno.

Cela ne veut pas dire que l'action protectrice des digues du Pô s'arrête à ces limites. Les digues de l'Adige et du Reno ne forment elles-mêmes qu'un obstacle à l'expansion des eaux du Pô. Si les digues de ce fleuve étaient rompues, et si les eaux faisant irruption dans la plaine coupaient les digues de l'Adige et du Reno, elles pourraient s'étendre sur les terrains qui sont situés au delà du lit de ces fleuves. C'est du reste ce qui est arrivé dans la grande crue de 1801. Les plaines basses du Padouan ont été inondées par les eaux du Pô qui, après avoir pénétré dans la Polésine par les brèches de la digue gauche, en aval de l'Oglio, ont rompu les deux digues de l'Adige.

Si l'on quitte la vaste plaine entièrement submersible dont je viens de parler, et si l'on remonte le cours du Pô, la plaine submersible est alors limitée par les hautes plaines dont j'ai parlé précédemment.

La plaine submersible, d'abord large d'environ 50 kilomètres entre Legnago et Cento, se resserre peu à peu. Elle n'a plus que 25 kilomètres de largeur à l'embouchure de l'Oglio, et 10 kilomètres vers Crémone.

J'ai dit plus haut qu'une partie de cette vaste plaine submersible est protégée contre les inondations par des digues insubmersibles.

En ne considérant que la partie du Pô où les plaines submersibles ont le plus d'importance, c'est-à-dire à partir et en aval de l'embouchure du Tessin, on trouve que du Tessin au Panaro, la longueur totale des digues est de 514 kilomètres, et les terrains protégés par ces digues ont une superficie de 3,245 kilomètres carrés.

Chaque kilomètre de digue protége donc en moyenne $6^{k},30$, soit 630 hectares de terrain.

En aval du Panaro, il n'y a plus de bassin proprement dit pour chaque fleuve, ainsi que je l'ai dejà fait remarquer. Les endiguements n'ont plus le même caractère que ceux des rivières dont les grandes eaux ont des limites déterminées. Aussi l'appréciation de la surface protégée par les digues du Pô dans cette partie inférieure de son cours, outre qu'elle ne pourrait reposer sur aucune base certaine, serait-elle sans objet pour le travail de comparaison qui nous occupe; et je n'essayerai pas de la faire. Je bornerai donc à ce qui précède les renseignements qui concernent les digues du Pô lui-même, et je vais décrire celles qui ont été construites sur les affluents.

Les affluents du Pô sont de deux natures; ceux qui traversent des lacs avant d'arriver dans la haute plaine, et ceux qui n'en traversent pas.

Les premiers, qui descendent tous des Alpes, sont au nombre de quatre : le Tessin, l'Adda, l'Oglio et le Mincio.

Les lits de ces quatre affluents ont beaucoup d'analogie avec celui du Pô. Encaissés dans la haute plaine, ils sont bordés de plaines submersibles que l'on a défendues au moyen de digues continues, près de leur embouchure. Au-dessus, il n'y a que quelques endiguements discontinus analogues à ceux qui existent dans la vallée du Pô, en amont de Crémone.

Les digues continues construites près de l'embouchure de ces affluents et qui se raccordent avec les digues du Pô, sont les seules qui soient figurées sur la carte (pl. 1). Je n'ai pu me procurer ni le tracé des digues isolées construites sur ces rivières, ni les limites des plaines submersibles qui les bordent.

Les affluents dont les eaux ne traversent pas de

lacs sont des torrents qui, à leur sortie des montagnes, ont une partie de leur lit presque à fleur du sol de la haute plaine.

En outre la haute plaine présente souvent une dépression très-marquée, entre deux torrents consécutifs, et se trouve moins élevée que le fond même du lit des torrents.

Il résulte de là que, dans l'état naturel, les crues des torrents auraient pu inonder la haute plaine presqu'en totalité.

Dès lors il est devenu nécessaire d'endiguer ces torrents dans toutes les parties où, sans cela, les eaux des grandes crues pourraient déborder.

La carte montre la disposition et la longueur de ces endiguements, le long des torrents qui descendent des Apennins.

Je n'ai pu me procurer le tracé des digues construites le long des torrents des Alpes. Mais ces digues ne sont pas continues comme celles des torrents des Apennins et ont moins de longueur. On en a cependant placé dans tous les points où les lits de ces torrents ne sont pas assez encaissés pour empêcher les eaux des crues de déborder sur la haute plaine.

Les digues des torrents laissent au lit des eaux une très-grande largeur.

Ce lit n'a pas moins de 840 mètres pour le Taro et l'Enza, de 600 mètres pour la Trebbia, de 500 mètres pour la Sesia, et ainsi de suite en diminuant pour les affluents de moindre importance.

Par cette sage disposition on a maintenu la hauteur des crues des torrents dans des limites assez faibles. Les digues ont à peine 2 mètres au-dessus du sol, et souvent moins.

Je n'ai pas parlé dans ce qui précède de petites digues submersibles établies dans le lit majeur du Pô, entre le fleuve et les grandes digues insubmersibles ci-dessus définies. Ces petites digues ont pour but de protéger contre les crues moyennes, les plaines que l'on a laissées dans le lit majeur et que l'on appelle *Golènes*.

Pour que les petites digues en question n'empèchent pas les eaux des grandes crues de s'épancher dans toute la largeur du lit majeur, il est prescrit d'établir leur couronnement à 1^{m},50 au moins au-dessous de celui des grandes digues insubmersibles.

Tel est, dans ses principales dispositions, le système d'endiguement pratiqué sur le Pô et ses affluents.

Examinons maintenant comment les choses sont disposées sur la Loire.

IV

DESCRIPTION DES ENDIGUEMENTS DE LA LOIRE

La Loire a établi son cours au milieu d'un pays accidenté qui, même hors des montagnes proprement dites, est coupé par une infinité de collines séparant les nombreux cours d'eau d'ordre inférieur.

Cette constitution générale du bassin a donné des largeurs très-variées, mais en général assez faibles, à la plaine que les crues de la Loire peuvent submerger.

Je me bornerai à parler ici de la partie de la plaine qui est située en aval du Bec-d'Allier, la seule dans laquelle les endiguements aient pris de l'importance.

Le Bec-d'Allier est à 487 kilomètres de Nantes.

Dans cette partie du cours de la Loire, la plaine submersible présente deux élargissements assez notables; l'un, vers Orléans, ayant, sur 64 kilomètres de longueur, une largeur de $4^k,68$ en moyenne et de 8 kilomètres au maximum ; l'autre vers Saumur, ayant, sur 77 kilomètres de longueur, une largeur de $5^k,38$ en moyenne et de 10 kilomètres au maximum.

Sur tout le reste de la longueur de la Loire, entre le Bec-d'Allier et Nantes, la largeur moyenne de la plaine submersible, y compris le lit mineur du fleuve, est de 2^k,28.

Dans cette longue plaine étroite, la Loire baigne presque constamment l'un des coteaux; et de temps en temps elle traverse la plaine pour passer de l'un des coteaux vers l'autre.

Elle effectue l'un de ces changements au milieu du grand val situé vis-à-vis Orléans, et le partage ainsi en deux. Celui d'amont est situé sur la rive droite de la Loire et celui d'aval sur la rive gauche.

C'est dans la plaine submersible ainsi constituée que l'on a construit une série de digues qui presque toutes serrent le fleuve contre l'un des coteaux.

La Loire n'a ainsi, en général, de digues que d'un seul côté. Elle n'est endiguée des deux côtés que sur un petit nombre de points et principalement aux lieux où elle change de rive.

La carte de cette partie de la Loire (pl. 2), dressée sur la même échelle que celle du Pô dont j'ai parlé précédemment, indique, comme celle-ci, les limites de la plaine submersible, et le tracé des digues, par des traits bleus et vermillon.

Les plaines protégées par des digues y sont également désignées par une teinte vermillon clair, et le reste de la partie submersible, formant le lit majeur actuel, par une teinte bleu clair.

Sur la presque totalité de leur longueur, les digues sont établies au bord même du fleuve.

Elles laissent au lit des grandes eaux des largeurs très-variables. Comme ces largeurs se maintiennent toujours dans des valeurs trop faibles pour que la carte puisse faire juger des différences, j'en donne le détail complet dans le tableau n° 1, pour la partie de la Loire que nous considérons en ce moment, du Bec-d'Allier à Nantes.

En groupant les parties du fleuve qui ont le plus d'analogie, on trouve que la largeur moyenne du lit majeur limité par les digues de la Loire, est, savoir :

Du Bec-d'Allier à Briare.	1k,43
De Briare à l'embouchure du Cher.	0 ,79
De l'embouchure du Chér aux ponts de Cé. .	1 ,06
Des ponts de Cé à Nantes.	1 ,62

La largeur moyenne générale sur les 487 kilomètres qui séparent le Bec-d'Allier de Nantes est de 1k, 09.

Le tableau n° 1 montre que le lit majeur actuel n'a jamais plus de 2,200 mètres de largeur dans les parties où il est limité par des digues[1] ; que les lar-

[1] La largeur de 3,000 mètres indiquée au tableau le long du val d'Authion, correspond à l'embouchure de la Vienne et ne règne que sur la largeur de cette rivière.

geurs s'approchent très-rarement de cette limite supérieure; que le plus ordinairement elles se tiennent au-dessous de 1,000 mètres, et qu'elles descendent souvent au-dessous de 500 mètres. Il existe en un assez grand nombre de points des largeurs de 500 mètres à 300 mètres. Le lit majeur est même réduit à 250 mètres vers Blois et à 230 mètres en amont de Jargeau.

Dans les parties où il n'y a point de digues les largeurs sont généralement plus grandes. Cependant elles ne dépassent pas 3,600 mètres, et descendent assez souvent à 800 mètres.

De Nantes à la mer les coteaux serrent le fleuve sur les deux rives, et les surfaces exposées aux inondations pendant les crues sont très-restreintes.

Les crues ne se font d'ailleurs sentir que jusqu'à Pellerin, à peu près à moitié de la distance qui sépare Nantes de la mer. En aval de Pellerin, le régime fluvial cesse ; c'est le régime maritime qui se fait seul sentir.

Le tableau n° 2 donne l'indication des superficies protégées par les différentes digues, sur l'une et l'autre rive, du Bec-d'Allier à la mer.

Les terrains protégés ont, savoir :

Sur la rive droite.	53,572 hect.
— gauche	42,045
Total.	95,617 hect.

La longueur des digues est, savoir :

Sur la rive droite	234,868 kil.
— gauche.	248,810
Total	483,678 kil.

Par conséquent, chaque kilomètre de digues protége en moyenne 197 hectares.

Si l'on groupe les trois grands vals de Saint-Benoît, d'Orléans et de l'Authion, on trouve que les digues de ces vals défendent en moyenne par kilomètre 368 hectares.

Et toutes les autres digues ensemble ne protégent en moyenne, par kilomètre, que 126 hectares.

Aux digues que je viens de décrire se bornent à peu près les endiguements du bassin de la Loire. Il existe bien quelques digues isolées sur la Loire en amont du Bec-d'Allier, sur l'Allier et sur le Cher près de son embouchure. Mais ces endiguements ont peu d'importance ; et quelques-uns d'entre eux ont plutôt été construits dans le but d'opposer un obstacle aux courants qui pouvaient ravager les terres riveraines que pour empêcher la submersion de ces terres. Je ne m'en occuperai pas davantage.

V

COMPARAISON DES DIVERS ÉLÉMENTS QUI CONSTITUENT LE RÉGIME DES VALLÉES ET DES ENDIGUEMENTS DU PÔ ET DE LA LOIRE.

Avant d'examiner les résultats obtenus sur le Pô et sur la Loire par les endiguements que je viens de décrire, il est bon de mettre en présence les divers éléments qui constituent le régime des vallées et celui des digues de ces deux fleuves.

Ce rapprochement fixera mieux les idées sur les différences de ces régimes.

Voici le résumé des documents donnés dans les deux paragraphes précédents :

Je rappelle que ces documents se rapportent à la partie du Pô qui s'étend de l'embouchure du Tessin à celle du Panaro sur 266 kilomètres de longueur, et à la partie de la Loire comprise entre le Bec-d'Allier et Nantes sur 487 kilomètres de longueur.

La longueur des digues des deux rives est, sur ces distances :

de 514 kilomètres sur le Pô
de 484 — sur la Loire.

La superficie totale des terrains défendus est :

de 3245 kilomètres quarrés sur le Pô
de 956 — sur la Loire.

Chaque kilomètre de digue protége en moyenne une superficie

de 630 hectares sur le Pô
de 197 — sur la Loire.

Le lit majeur créé par les digues a, sur ces longueurs, une largeur moyenne

de 2k,18 sur le Pô
de 1k,09 sur la Loire.

A ces documents, j'ajouterai quelques indications sommaires sur les superficies des bassins, les pentes et les débits des crues des deux fleuves.

La superficie du bassin du Pô, en amont de l'embouchure du Panaro, est de 69,465 kilomètres carrés.

SAVOIR

L'ensemble du bassin en amont du Tessin. . . .	28,947 kil. q.
Le bassin du Tessin.	7,033
De l'embouchure du Tessin à celle de l'Adda . . .	14,440
De l'embouchure de l'Adda à celle du Panaro. . .	19,045
Total.	69,465 kil. q.

Celle du bassin de la Loire se compose de la manière suivante :

Le bassin de la Loire en amont du Bec-d'Allier. .	18,000 kil. q.
Le bassin de l'Allier	14,349
Du Bec-d'Allier à l'embouchure du Cher	23,661
De l'embouchure du Cher à celle de la Vienne. .	24,214
De l'embouchure de la Vienne à celle de la Maine.	25,706
De la Maine à la mer.	9,191
Total.	115,121 kil. q.

En ce qui concerne le Pô, la superficie donnée ci-dessus se rapporte à un point situé à 90 kilomètres de la mer. Mais dans le tronc inférieur, le lit du Pô, entièrement isolé des campagnes voisines, ne reçoit et ne peut plus recevoir aucun affluent. C'est un simple canal destiné à conduire, du Panaro à la mer, les crues qui se sont formées en amont de l'embouchure de ce dernier affluent. La superficie calculée jusqu'à l'embouchure du Panaro est donc réellement la superficie totale du bassin du Pô, celle d'où provient l'eau qui produit les crues de ce fleuve.

Dans les parties moyennes et inférieures que nous considérons, le Pô a des pentes plus faibles que la Loire.

Du Tessin au Panaro, la pente moyenne du Pô, par kilomètre, est de $0^{m},185$. Elle est en maximum de $0^{m},288$ près du Tessin, et en minimum de $0^{m},117$ près du Panaro.

Si l'on mesure la pente de la Loire à des distances de son embouchure égales à celles qui séparent le Tessin et le Panaro de la mer, on la trouve de $0^m,434$ et $0^m,172$ par kilomètre. Ces pentes dépassent notablement, comme on le voit, les pentes correspondantes du Pô.

Les plus grandes crues connues du Pô, celles de novembre 1839 et d'octobre 1857, se sont élevées à $8^m,58$ au-dessus de l'étiage à Ponte-Lagoscuro, bourg situé vis-à-vis Ferrare, à peu de distance en aval de l'embouchure du Panaro.

M. Lombardini évalue à 5,146 mètres cubes le débit maximum par seconde d'une pareille crue à Ponte-Lagoscuro.

Il eût été intéressant d'avoir le débit maximum de ces crues en d'autres points du cours du Pô, en amont de quelques-uns des affluents. Ces documents ne paraissent pas avoir été établis. Mais M. Lombardini, se fondant sur ce que les affluents venant des Apennins, puis ceux qui descendent du Piémont, puis ceux qui traversent les lacs, arrivent successivement, et sur ce que le lit du fleuve, en aval de Casal-Montferrato, renferme le cube énorme de 1,896,000,000 mètres cubes d'eau qui représente le débit entier du Pô en grande crue, pendant quatre jours et demi, et qui ne s'écoule que pendant la période de décroissance de la crue, émet l'opinion que le plus grand débit de la crue est presque égal, près de l'embouchure du Tessin, à Crémone et à Ponte-Lagoscuro.

La haute expérience de M. Lombardini donne un grand poids à son opinion ; et jusqu'à ce que des jaugeages directs aient apporté des documents certains, on peut admettre que le maximum des grandes crues du Pô s'élève à peu près à 5,200 mètres en aval de l'embouchure du Tessin.

La Loire, dans la grande crue de juin 1856, a débité au maximum 9,000 mètres cubes par seconde au Bec-d'Allier, après la réunion des eaux de l'Allier à celles de la Loire.

Ce débit s'est atténué en descendant. Le débit maximum a été trouvé

8865	mètres cubes	à Briare.
7280	—	à l'issue du val d'Orléans.
6770	—	à Tours.

En aval de Tours, la crue du Cher a été forte ; mais celles de tous les autres affluents n'ont eu qu'une importance moyenne. Le débit maximum s'est d'ailleurs atténué en descendant, et à Nantes il n'a pas dépassé 6,000 mètres cubes.

Mais il faut dire que l'atténuation accusée par les chiffres précédents ne résulte pas de l'action du lit majeur tel que les digues l'ont créé. Toutes les digues ont été rompues, et l'eau s'est emmagasinée sur toute la largeur de la plaine submersible qui est en moyenne de 5 kil. 10 du Bec-d'Allier à Nantes. C'est à l'action de la plaine submersible tout entière qu'est due l'atténuation signalée ci-dessus.

Je n'insiste pas davantage sur cette observation en ce moment. J'y reviendrai plus loin. Je ne l'ai faite ici que pour établir la vraie signification des chiffres de débit de la Loire que je viens de donner.

VI

RÉSULTAT DES ENDIGUEMENTS DU PÔ

Les endiguements du Pô se divisent, comme on l'a vu, en deux catégories bien distinctes : ceux qui enveloppent des parties isolées du territoire, en se rattachant de loin en loin aux caps de la haute plaine, et ceux qui accompagnent d'une manière continue le fleuve, sur ses deux rives, jusqu'à la mer.

Les premiers ne défendent que des surfaces de terrain assez restreintes. Les seconds, au contraire, protégent des territoires considérables.

Les endiguements continus ont par suite été l'objet de soins plus soutenus. C'est sur eux que s'est principalement portée l'attention des gouvernants et des ingénieurs ; et l'on a fait beaucoup de travaux, surtout dans le siècle actuel, pour les perfectionner.

Je dois à l'obligeance des ingénieurs de l'Italie un certain nombre de documents sur l'état des digues dans le dix-huitième et le dix-neuvième siècle, et sur les dégradations que les différentes crues y ont causées. Je les ai réunis dans le tableau ci-joint n° 3.

J'ai distingué ce qui concerne les digues isolées et les digues continues, en limitant ces dernières du côté d'amont, à Crémone sur la rive gauche et au torrent Chiavenna sur la rive droite.

On voit, par ce tableau, que les digues continues n'ont plus éprouvé de dégradations depuis 1840, à l'exception des brèches faites dans la digue droite à Mezzano Rondani, en 1857, et dont l'importance ne paraît pas avoir été considérable.

En 1839, il y a eu deux fortes brèches à Bonnizzo et à Castel-Trivellino. Ces brèches ont dû exercer une grande influence sur la marche et les hauteurs de cette crue.

Le tableau n° 4 dans lequel sont réunies toutes les hauteurs des crues du siècle actuel, de Monticelli à la mer, d'après les renseignements donnés par M. Lombardini, montre que la crue de 1857 a partout été plus haute que celle de 1839, excepté à Ponte-Lagoscuro où ces deux crues ont eu exactement la même hauteur.

Il montre en outre que la crue de 1857 a partout dépassé toutes les hauteurs antérieurement observées.

La crue de 1839 aurait-elle égalé ou même dépassé les hauteurs de la crue de 1857, si les brèches de Bonnizzo et de Castel-Trivellino ne s'étaient pas formées? C'est ce que je ne saurais dire. Mais comme même à d'assez grandes distances en amont de Bonnizzo, les hauteurs de la crue de 1839 restent inférieures à celles de la crue de 1857, on peut présumer que si, en 1839, les brèches ne s'étaient pas formées, la crue n'aurait en tout cas dépassé que de faibles quantités celles de 1857.

Comme les digues continues ont eu assez de hauteur pour contenir la crue de 1857 (excepté à Mezzano Rondani où existait une forte dépression) et comme cette crue de 1857 est celle qui partout a atteint les plus grandes hauteurs, on peut penser que le lit endigué qu'elles constituent a une capacité suffisante pour donner écoulement aux plus grands volumes d'eau qui se produisent actuellement, ou tout au moins que cette capacité est très-près d'être suffisante en tout état de choses.

Avant d'arriver à cet excellent régime, les digues

continues du Pô ont été longtemps insuffisantes. C'est ce qui ressort clairement du tableau n° 3. A toute crue dans le dix-huitième siècle, les digues étaient sans doute rompues en un grand nombre de points; et l'on voit le nombre des brèches diminuer dans le dix-neuvième siècle, à mesure qu'ont été faits les travaux de perfectionnement des digues.

Mais le tableau n° 3 montre en même temps que la hauteur des crues a constamment augmenté à Ponte-Lagoscuro de 1705 à 1839; et l'on peut se demander si l'exhaussement progressif des crues a atteint sa limite, ou si l'on doit craindre de plus grandes hauteurs qui rendraient de nouveau les digues insuffisantes.

Ces graves questions ont beaucoup préoccupé les ingénieurs italiens. M. Lombardini pense qu'il n'est pas survenu dans les conditions de la vallée et dans les phénomènes naturels qui produisent les crues, des changements assez notables pour rendre compte de l'augmentation de hauteur observée, et la haute expérience de cet éminent ingénieur donne beaucoup d'autorité à son opinion.

Suivant M. Lombardini, l'accroissement de hauteur des crues doit être principalement attribué au perfectionnement des digues du fleuve.

Dans le siècle dernier, dit-il, les digues étaient déprimées et mal entretenues. Les crues étaient toujours accompagnées de ruptures nombreuses de digues qui détournaient des quantités d'eau considérables du lit du fleuve pour les jeter dans les campagnes voisines.

Cette déviation d'une partie des eaux réduisait la hauteur des crues dans les parties d'aval du fleuve.

Mais à mesure que, par l'exhaussement successif des digues et par un meilleur entretien de ces ouvrages, les ruptures et leurs effets ont diminué d'importance, la hauteur des crues a dû augmenter.

Voici d'ailleurs les faits qui peuvent servir à éclairer la question.

Les plus grandes crues du Pô, celles qu'on peut considérer comme vraiment séculaire, sont les crues de 1705, 1801 et 1839[1]. C'est ce que conclut M. Lombardini, dans un écrit publié en 1843, après un judicieux examen des circonstances qui ont accompagné ces crues. Cependant la crue de 1705 n'a eu que 6m,82 de hauteur à Ponte-Lagoscuro, et celle de 1801, 7m,69, tandis que celle de 1839 a atteint 8m,58, et que plusieurs crues du siècle actuel, quoique moins importantes, ont dépassé en hauteur les crues de 1705, et de 1801. Mais la crue de 1705 avait rompu les digues continues en une multitude de points et transformé en un lac immense la plaine

[1] Il faut probablement y ajouter maintenant la crue de 1857.

submersible du Pô tout entière, tandis que pendant les crues de 1801 et 1839, il n'y a eu qu'un petit nombre de ruptures.

C'est après la crue de 1705 qu'on a commencé à avoir, sur les rives du Pô, quelques digues réellement insubmersibles. Celles du Crémonais ont reçu à cette époque un exhaussement et des perfectionnements qui les ont mises, depuis ce temps, à l'abri de toute rupture, sur 80 kilomètres de longueur.

Il n'est pas étonnant dès lors que les grandes crues suivantes aient été plus hautes à Ponte-Lagoscuro que celles de 1705, puisque les plaines du Crémonais étaient alors soustraites à la submersion et que le volume d'eau détourné du lit du fleuve était, par conséquent, déjà un peu moins fort.

Cet effet a dû devenir de plus en plus marqué à mesure qu'augmentait la longueur des digues mises à l'abri des ruptures par les perfectionnements qu'on y a apportés.

Le tableau n° 3 met en évidence cette marche des choses. A mesure qu'on s'approche de notre époque, le nombre des ruptures diminue et la hauteur des crues, à Ponte-Lagoscuro, augmente.

Enfin la hauteur des crues cesse d'augmenter depuis qu'il ne se fait plus de brèches dans les digues continues.

La concordance entre la diminution des brèches et

l'augmentation de hauteur des crues d'eau justifie l'opinion de M. Lombardini.

Cette opinion est d'ailleurs trop conforme aux principes exposés au deuxième paragraphe de ce mémoire, pour que je ne l'adopte pas comme la vraie expression des choses.

M. Lombardini dit cependant que les dégradations progressives des versants déboisés peuvent faire affluer plus rapidement les eaux des tributaires du fleuve et augmenter les matières que le fleuve charrie dans ses crues. Mais il pense que l'influence de ces causes sur le régime des crues est très-minime, comparativement à celle du perfectionnement des digues.

Il y a donc lieu d'espérer que les digues continues qui s'étendent de Crémone et du torrent Chiavenna jusqu'à la mer, pourront contenir toutes les grandes crues qui se présenteront.

Faut-il en conclure que tout danger ait disparu, que nulle nécessité de modification ou d'exhaussement des digues continues du Pô ne saura plus se manifester? Je ne pense pas qu'il en soit ainsi.

Je n'entends point parler ici de phénomènes naturels qui dépasseraient tout ce qui est connu. Sans pouvoir affirmer qu'il ne s'en produira jamais, on ne doit pas s'en préoccuper. Tout ce que l'on doit attendre de la prévoyance humaine, tout ce qu'elle doit se permettre, c'est d'agir dans les limites des phénomènes observés.

Mais il pourrait arriver que d'autres travaux exécutés dans la vallée rendissent les digues actuelles insuffisantes sur certains points. Par exemple, le tableau n° 3 fait connaître que les digues syndicales situées en amont de Crémone, n'ont pas encore reçu l'exhaussement ni les perfectionnements nécessaires et qu'elles ont été rompues même dans les grandes crues récentes qui ont ménagé les digues continues d'aval. Si l'on perfectionnait ces digues isolées comme on a perfectionné les digues continues, de nouveaux terrains seraient enlevés à la submersion et la hauteur des crues, en aval, serait augmentée.

Toutefois la faible superficie comparative des plaines protégées par ces digues rendrait sans doute l'augmentation de hauteur des crues assez minime, et il serait facile de mettre les digues continues d'aval en harmonie avec ces nouvelles nécessités.

On peut donc dire que, sauf les modifications qui pourront devenir nécessaires dans l'avenir, mais qui ne donneront sans doute lieu qu'à des travaux d'une assez faible importance et très-réalisables, le problème de l'endiguement continu du Pô est résolu.

Ce résultat favorable a été singulièrement facilité par les dispositions primitivement adoptées dans le tracé des digues.

On a laissé aux grandes eaux un lit très-vaste, ayant en moyenne plus de 2 kilomètres de largeur. En outre, on a augmenté la largeur de ce lit, et jusqu'à 4 et 6 kilomètres, dans les parties du cours du fleuve où les affluents sont plus nombreux. De cette manière la capacité où peut s'emmagasiner l'eau des crues est toujours très-forte, et d'autant plus que les produits des affluents sont plus abondants. Ces dispositions ont dû singulièrement favoriser l'atténuation du débit maximum des crues.

Il est très-heureux pour les immenses plaines qu'abritent les digues continues du Pô, que l'on ait adopté ces excellentes dispositions. Sans cela les désastres auraient été certainement plus graves, et l'on ne serait, sans doute, pas encore arrivé à protéger les plaines aussi efficacement qu'on le fait. Dans la conception comme dans le perfectionnement de ce bel ouvrage, les ingénieurs italiens ont montré une parfaite connaissance du régime des crues et justifié leur réputation d'habiles hydrauliciens.

J'ai dit précédemment que les affluents torrentiels ont été endigués, dans la haute plaine, quand les crues pouvaient s'élever au-dessus de leurs berges et déborder.

Ce genre d'ouvrage, né de circonstances particulières aux plaines du Pô et que l'on ne retrouve que très-exceptionnellement dans le bassin de la Loire, était en Italie d'une nécessité absolue. On ne pouvait pas négliger de construire ces digues ; le salut de toute la haute plaine y était intéressé. Mais on a apporté dans le tracé de ces ouvrages des précautions très-salutaires qui ont exercé une favorable influence sur les crues du fleuve.

On a donné de très-grandes largeurs aux lits endigués des torrents. Cette disposition a d'abord eu l'avantage, ainsi que je l'ai déjà fait remarquer, de diminuer la hauteur de la crue dans le lit du torrent lui-même, de permettre par suite d'employer des digues moins élevées et de créer ainsi un régime moins dangereux. Mais, en outre, on a par ce moyen diminué le débit maximum des torrents. Car quand une crue s'écoule avec beaucoup de largeur et peu de hauteur, elle a moins de vitesse que si le lit, étant plus étroit, les eaux étaient obligées de prendre plus de hauteur ; par suite, la section mouillée est plus grande et la vitesse de propagation maximum est plus faible ; ce qui, d'après ce que j'ai dit au deuxième paragraphe de ce mémoire doit produire un débit maximum moindre.

Tous les torrents ayant ainsi leurs débits atténués par la grande largeur de leurs lits, la crue du fleuve qu'ils concourent à former doit en acquérir un débit maximum moins fort.

Je n'entrerai pas dans plus de détails sur cet effet

dont l'absence de documents m'empêcherait d'ailleurs d'apprécier l'importance. Mais les observations qui précèdent montrent une fois de plus l'intelligence qui préside aux travaux hydrauliques en Italie.

VII

RÉSULTAT DES ENDIGUEMENTS DE LA LOIRE

Il y a eu de nos jours et depuis le commencement du siècle, trois crues extraordinaires dans le bassin de la Loire; celles d'octobre 1846, de juin 1856 et de septembre 1866.

La crue de 1846 a été la plus forte dans la région supérieure de la Loire. Mais elle était plus courte; et les affluents des régions moyennes et inférieures n'ayant pas eu de crues, ou n'en ayant eu que de faibles, la crue de la Loire s'est atténuée assez rapidement.

La crue de 1856, la plus faible des trois dans la région supérieure de la Loire, est résultée d'une pluie générale qui a produit de très-fortes crues dans tous les affluents de la région moyenne jusqu'au Cher. Cette crue est restée constamment supérieure à celle de 1846 en aval de Briare.

La crue de 1866 a été, dans la région supérieure, intermédiaire entre celle de 1846 et de 1856. Dans la région moyenne elle a reçu des crues d'affluents plus fortes qu'en 1846, et un peu moins fortes, en général, qu'en 1856. Il en est résulté une crue qui, à Briare, a eu la plus grande analogie avec celle de 1856, pour l'intensité et la durée.

Ces trois crues ont rompu les digues de la Loire. Mais par suite de son affaiblissement progressif, la crue de 1846 n'a plus fait de brèche en aval de l'embouchure du Cher; tandis que les crues de 1856 et de 1866 ont rompu toutes les digues du Bec-d'Allier à Nantes, sauf quelques exceptions, qui se sont produites en 1866, par suite de travaux de défense exécutés par les habitants des vals protégés pendant la durée de la crue.

L'endiguement de la Loire n'est donc pas en rapport avec l'importance des grandes crues de ce fleuve. Le lit majeur créé par l'endiguement n'a pas la capacité suffisante.

Les digues ont cependant déjà de grandes hauteurs. Elles sont généralement à 7 mètres au-dessus de l'étiage, et atteignent en beaucoup de points 8 mètres et même $8^{m},50$.

Ces hauteurs, quoique insuffisantes, sont déjà le résultat de plusieurs exhaussements successifs.

Dans les temps anciens on avait réglé la hauteur des digues à 15 pieds au-dessus des basses-eaux [1].

Ce chiffre est très-instructif. Il jette quelque lumière sur l'état de la Loire antérieur à la construction des digues.

On a certainement voulu par ce règlement, régulariser une foule d'ouvrages construits antérieurement sans ordre et sans suite; et très-probablement on aura eu l'intention de mettre les digues au moins au niveau des grandes eaux.

En France, comme partout, on s'est trompé dans ces premières appréciations, on n'a pas pu prévoir l'exhaussement considérable que l'endiguement causerait aux crues. Mais le chiffre de 15 pieds ne permet pas moins de penser qu'avant l'endiguement et au moins dans les points où la plaine submersible a le plus de largeur, les grandes crues de la Loire atteignaient à peine 5 mètres au-dessus de l'étiage[2].

[1] Les renseignements sur l'état ancien des digues de la Loire sont extraits d'un ouvrage fort intéressant, sans nom d'auteur, publié en 1759, sous le titre : *Essai sur les Ponts et Chaussées, la Voirie et les Corvées.*

[2] Quelques circonstances actuelles justifient cette appréciation. A Meung où la digue de Mareau est interrompue sur 3 kilomètres de longueur, et forme ce que l'on appelle le déversoir de Mazan, aux ponts de Cé, où la vallée a conservé à peu près ses largeurs naturelles, la crue de 1856 ne s'est élevée qu'à 5^{m},80 et 5^{m},57, tandis que partout ailleurs elle a atteint 7 mètres et même 8 mètres de hauteur.

L'expérience démontra l'insuffisance de cette hauteur des digues; et après la crue de 1706, où les eaux s'étaient élevées en certains points à 18 pieds, on fixa la hauteur des digues à 21 pieds. Par la différence de 3 pieds, entre la hauteur de la crue de 1706 et celle des digues, on croyait mettre ces dernières à l'abri de toute atteinte.

C'était une illusion que toutes les grandes crues, sans exception, sont venues détruire. L'exhaussement des digues surélevait les eaux et n'était pas encore suffisant pour ne pas être dépassé par celui des crues.

En 1846, on a renouvelé tout aussi infructueusement une pareille tentative. La grande crue de cette année, limitée par l'action des brèches, avait dépassé de peu la hauteur des digues, et l'on crut pouvoir lutter contre de semblables phénomènes en surmontant les digues d'une banquette à laquelle on donna au plus 1 mètre de hauteur. La crue de 1856 est venue démontrer que cette surélévation était encore et de beaucoup insuffisante.

Quelle hauteur faudrait-il donc donner aux digues de la Loire pour que les grandes crues pussent être contenues dans le lit endigué?

On a examiné cette question dans les études entreprises après l'inondation de 1856. Le débit des grandes crues et la capacité du lit endigué de la Loire ont été calculés le plus exactement possible pour un assez grand nombre de points. Voici quelques-uns des résultats obtenus.

En supposant les digues maintenues dans leurs positions actuelles, mais assez exhaussées pour pouvoir contenir entièrement une crue analogue à celle de 1856, une pareille crue dépasserait les hauteurs observées en 1856, savoir :

A Sully, de	1^m,75
A Jargeau, de.	1 ,25
A Orléans, de.	1 ,20
A Montlivaut, de . . .	1 ,00
A Montlouis, de. . . .	1 ,30
A Tours, de.	1 ,20

La crue de 1856 ayant généralement dépassé de 0^m,50 à 1 mètre et quelquefois plus, le niveau de la plate-forme de la digue (non compris la hauteur de la banquette), l'exhaussement nécessaire pour mettre le nouveau couronnement à une hauteur raisonnable au-dessus des eaux, ne serait pas inférieur à 2^m,50 et s'élèverait en certains point à 3^m,50.

Les endiguements de la Loire sont donc très-loin du régime normal.

Pourrait-on les y amener? C'est une grave question, qu'il n'entre pas dans le but de ce mémoire de traiter. Mais ce qui précède met dans tout son jour l'insuffisance du lit endigué actuel de la Loire, et la gravité de la situation.

On ne s'étonnera plus, j'espère, des résultats que j'annonce, si l'on veut bien comparer les largeurs actuelles aux largeurs anciennes et naturelles du lit de la Loire.

Avant tout endiguement, le lit majeur de la Loire avait $3^k,10$ de largeur moyenne, du Bec-d'Allier à Nantes.

Actuellement, limité par l'endiguement, ce lit n'a plus que $1^k,09$.

La conclusion naturelle de tout ce qui précède est que l'on a trop resserré le lit de la Loire.

On reste surtout sous cette impression quand on considère les bons résultats obtenus en Italie avec un lit majeur de $2^k,18$ de largeur moyenne.

VIII

CONCLUSION

Après ce qui précède, après les enseignements donnés par les digues du Pô et de la Loire, il me reste peu de chose à dire.

Il devient évident que la capacité du lit majeur exerce une grande influence sur la valeur du débit maximum des crues; que ce débit n'a pas une valeur fixe en chaque point d'un fleuve pour une pluie donnée, mais qu'il est d'autant plus fort que la capacité du lit majeur est plus faible, et réciproquement.

C'est donc une faute que de trop resserrer un fleuve entre ses digues.

On peut ainsi tellement surélever les eaux, non-seulement par la diminution de largeur du lit, mais encore par l'augmentation que l'on apporte dans le chiffre du débit maximum, qu'il devienne impossible de faire les digues assez hautes pour contenir les grandes crues.

Si, au contraire, on donne au lit majeur endigué des dimensions suffisantes, il est possible de maintenir les grandes eaux entre les digues, sans adopter pour ces dernières des hauteurs déraisonnables.

C'est ce que l'on a fait en Italie. L'excellent résultat qu'on y a obtenu tient à la grande largeur laissée au lit majeur du Pô entre les digues ; et aussi à la manière judicieuse avec laquelle on a augmenté ou diminué cette largeur, suivant que le fleuve reçoit beaucoup d'affluents ou n'en reçoit plus.

En France, on a agi autrement. Les endiguements de la Loire laissent au lit majeur une si faible largeur et surélèvent tellement les eaux qu'il faudrait arriver, pour les mettre en harmonie avec les crues du fleuve, à des hauteurs effrayantes. Il en naîtrait de si graves inconvénients et tant de dangers que l'on ne peut songer à réaliser un pareil projet.

Faudrait-il conclure de tout ce qui précède que l'on n'aurait point dû construire de digues le long de la Loire? Je ne le pense pas.

Si l'on considère d'abord les grands vals de Saint-Benoît, d'Orléans, de l'Authion, la défense était ici parfaitement motivée, comme elle l'est le long de toute plaine très-large ; d'abord à cause de l'importance des intérêts qui s'y trouvent engagés, ensuite parce qu'il n'est pas possible de placer les bâtiments d'exploitation de pareilles plaines hors de la limite des inondations, comme on le fait dans les plaines de peu de largeur. La longueur des transports paralyserait la culture. La nécessité de mettre ces bâtiments dans la plaine submersible rend alors la submersion plus nuisible, et ajoute aux motifs de l'endiguement.

Il était d'ailleurs sans doute possible de soustraire aux inondations une partie notable des grandes plaines dont je viens de parler, sans apporter de changements trop nuisibles dans le régime des crues de la Loire.

En quelques autres points où le val a encore une assez grande largeur, et où de graves intérêts se trouvent en jeu, par exemple dans la plaine à la jonction du Cher et de la Loire, dans le val de la Divate et quelques autres, des endiguements bien entendus pouvaient certainement produire de bons résultats.

Mais pour bien agir, on aurait dû placer les digues beaucoup plus loin du fleuve qu'on ne l'a fait, et donner ainsi au lit majeur des eaux une capacité beaucoup plus grande.

Je ne traiterai pas ici cette question de largeur. Le calcul exact en présenterait de sérieuses difficultés dans l'état actuel de la science. Mais des appréciations sommaires ont démontré que, pour donner écoulement aux grandes crues sans dépasser les hauteurs actuelles, la largeur du lit endigué de la Loire devrait être augmentée de 500 à 600 mètres au moins.

Dès lors, il eût été sans objet d'endiguer la Loire dans tous les points où le val à défendre n'a que 1 kilomètre environ de largeur. Ce qui serait resté après l'établissement d'un lit majeur convenable, n'aurait pas eu assez d'importance pour justifier l'endiguement.

Le nombre des vals qui, pour ce motif, n'auraient pas dû être endigués, est assez considérable, comme on peut le voir par le tableau n° 4 et par la carte de la Loire (pl. 2). Cette conclusion, à laquelle conduisent les considérations qui précèdent, est d'ailleurs appuyée par l'exemple du Pô, où des terrains, plus importants que les vals en question, sont laissés dans le lit majeur du fleuve.

Les terres qui, dans l'hypothèse d'un lit majeur plus large, n'auraient pas été protégées par l'endiguement, ne se seraient pas trouvées dans des conditions si mauvaises que cela eût mérité d'être pris en considération. On sait que les terres ainsi laissées dans le lit majeur des fleuves sont très-loin de diminuer de valeur. Les golênes du Pô, les ségonneaux du Rhône, sont comptés parmi les terres les plus fertiles de ces vallées.

Reconnaissons donc que les digues insubmersibles ont une grande utilité, qu'elles sont même indispensables dans les vallées où, par la configuration du sol, des espaces trop étendus se trouveraient sans elles exposées à la submersion.

Mais reconnaissons aussi que c'est une faute que d'appliquer ce moyen de protection à des vallées si étroites qu'on ne peut l'employer qu'en rétrécissant le lit majeur au delà de ce qui est raisonnable. Car, je le répète, on augmente beaucoup, par ce rétrécissement, le débit maximum des crues, et cela peut conduire, comme il est arrivé sur la Loire, à un défaut irrémédiable d'harmonie entre le lit endigué et le débit ainsi créé.

Cependant les digues de la Loire existent et depuis

longtemps. En ne considérant que celles des vals principaux, des intérêts si graves, si nombreux se sont placés sous leur abri que l'on ne peut songer ni à les détruire, ni à les déplacer.

La situation est donc très-grave. Il n'entre pas dans le but de ce mémoire d'examiner les questions qu'elle soulève. Je me contenterai de dire que deux solutions seulement paraissent possibles : ou diminuer le débit maximum des grandes crues en augmentant, au moyen de réserves artificielles, le débit total de leur période de décroissance, si l'on veut empêcher absolument l'inondation des vals endigués ; ou se résigner à cette inondation et faciliter alors l'introduction des grandes eaux extraordinaires dans les vals endigués, de manière à éviter les ruptures de digues et tous les désastres qui en sont la conséquence ; résultat que l'on peut obtenir au moyen de déversoirs de longueur suffisante, établis dans les digues en des points convenables et au-dessus du niveau qu'atteignent les grandes crues ordinaires.

TABLEAUX

Nº 1 TABLEAU DES LARGEURS

du lit majeur de la Loire, limité aux digues construites sur les bords de ce fleuve,

ENTRE LE BEC-D'ALLIER ET NANTES

INDICATION DES PARTIES DU FLEUVE	LONGUEURS	LARGEURS dans les parties où le lit est limité par des digues			LARGEURS dans les parties où le lit n'est pas limité par des digues		
		Moyennes.	Plus grandes.	Plus petites.	Moyennes.	Plus grandes.	Plus petites.
	kil.	m.	m.	m.	m.	m.	m.
De l'extrémité du val de Guétin à l'origine du val de Givry.	5	»	»	»	1750	1800	1700
Le long du val de Givry.	9	1250	1800	600	»	»	»
De l'extrémité du val de Givry à l'origine du val de la Charité.	2	»	»	»	1650	1650	1650
Le long du val de la Charité	13	907	1200	600	»	»	»
De l'extrémité du val de la Charité à l'origine du val des Rapins	5	»	»	»	1500	1600	900
Le long du val des Rapins.	8	1100	1700	800	»	»	»
De l'extrémité du val des Rapins à l'origine du val de Bannay.	16	»	»	»	1768	2800	800
Le long du val de Bannay.	11	1257	1800	900	»	»	»
De l'extrémité du val de Bannay à l'origine du val de Saint-Firmin.	20	»	»	»	1890	3000	800
Le long du val de Saint-Firmin.	5	766	900	700	»	»	»
De l'extrémité du val de Saint-Firmin à l'origine du val de Saint-Martin	7	»	»	»	1700	2100	1150
Le long du val de Saint-Martin.	4	687	1100	400	»	»	»
Lacune entre les vals de Saint-Martin et de Port-Galet	5	»	»	»	2000	2450	1800
Le long du val de Port-Galet.	7	1200	1700	500	»	»	»
Le long du val de Dampierre.	5	860	1500	500	»	»	»
Entre les vals de Sully et de Saint-Benoit.	12	527	800	400	»	»	»
Le long du val de Saint-Benoit.	6	814	1000	500	»	»	»
Entre les vals de Saint-Benoit et d'Orléans.	9	1139	2100	650	»	»	»
Le long du val d'Orléans.	11	865	2200	250	»	»	»
Entre les vals d'Orléans et de Briou. . . .	9	950	1200	700	»	»	»
Le long du val d'Orléans	17	759	1100	400	»	»	»
Le long du val de Mareau	10	1222	1900	700	»	»	»
Entre les vals de Mareau et de la Baule. .	3	950	1600	650	»	»	»
Le long du val de Mareau.	5	785	1000	600	»	»	»
Entre les vals de Mareau et de Tavers. .	6	550	700	500	»	»	»
Le long du val d'Avaray.	15	775	1400	600	»	»	»
Le long du val de Blois	17	417	800	250	»	»	»
Entre les vals de Blois et de la Cisse . . .	7	379	450	350	»	»	»
Le long du val de la Cisse.	33	691	1200	400	»	»	»
Entre les vals de la Cisse et de Tours. . .	5	585	650	500	»	»	»
Le long du val de Tours.	27	650	900	500	»	»	»
Entre les vals de Cinq-Mars et de l'Indre.	7	657	800	450	»	»	»
Le long du val de l'Indre	5	840	950	800	»	»	»
Entre les vals de l'Indre et de l'Authion .	14	586	800	400	»	»	»
Le long du val de l'Authion	50	1224	3000	450	»	»	»
Entre les vals de l'Authion et de Gohier. .	7	957	1250	650	»	»	»
Le long du val de l'Authion.	6	1721	2500	1500	»	»	»
Le long du val de Saint-Jean.	7	956	1400	750	»	»	»
En aval de l'embouchure de la Maine. . .	10	»	»	»	2250	2700	1600
Le long du val de Savennières	13	1650	2200	750	»	»	»
Le long du val de Montjean	13	1458	2000	500	»	»	»
De l'extrémité du val de Montjean à l'origine du val de la Divate	29	»	»	»	1615	2500	650
Le long du val de la Divate	15	1295	2000	850	»	»	»
Du val de la Divate à Nantes.	5	»	»	»	1760	2100	1500
TOTAL.	487						

N° 2

TABLEAU

DES DIGUES DE LA LOIRE ET DES VALS QU'ELLES PROTÉGENT,

ENTRE LE BEC-D'ALLIER ET NANTES

INDICATION des DIGUES	LONGUEUR DES DIGUES	SUPERFICIE DES VALS PROTÉGÉS	SURFACE protégée par 1 kil. de digue.	INDICATION des DIGUES	LONGUEUR DES DIGUES	SUPERFICIE DES VALS PROTÉGÉS	SURFACE protégée par 1 kil. de digue.
RIVE DROITE				**RIVE GAUCHE**			
	m.	hect.	hect.		m.	hect.	hect.
DAMPIERRE	4,600	525	114	GIVRY	9,146	1,096	119
OUZOUER	15,860	5,616	245 [1]	LA CHARITÉ	12,719	1,544	121
SAINT-BENOIT	7,000			LES RAPINS	7,075	1,620	228 [3]
LA GARENNE	3,135	112	35	BANNAY	11,140	1,550	139
LATINGY	6,812	646	94	SAINT-FIRMIN	2,800	96	34
LA BOUVERIE	6,100	252	41	SAINT-MARTIN	3,300	209	63
LA BAULLE	3,150	500	158	PORT-GALET	5,600	406	72
TAVERS	2,465	320	129	SULLY	12,000	1,307	109
AVARAY	13,200	1,456	110	ORLÉANS	42,300	14,400	340
MESNARD	6,850	326	47	MAREAU	21,500	3,296	128 [4]
LA CISSE	53,000	6,981	132	BRIOU	4,200		
LUINES	8,600	552	64	BLOIS	24,500	3,036	124
LANGEAIS	9,000	600	66	LUSSAULT	3,700	225	60
AUTHION	74,000	34,144	416 [2]	TOURS	28,250	4,646	164
LA BELLE-POULE	6,160			LA CHAPELLE	19,200	3,092	123
CANAL D'AUTHION	4,000			LE BOIS-CHÉTIF	5,900		
SAVENNIÈRES	13,036	1,542	114	GOHIER	7,980	1,100	137
				MONTJEAN	12,100	1,668	137
				LA DIVATE	15,400	2,736	177
TOTAUX	234,868	53,572		TOTAUX	248,810	42,045	

[1] Les digues d'Ouzouer et de Saint-Benoît font suite l'une à l'autre, et protégent le même val.

[2] Les digues de l'Authion, de la Belle-Poule et du canal d'Authion protégent ensemble le même val.

[3] Cette digue ne se rattache pas au coteau, mais à un plateau qui, quoique plus élevé que le reste de la plaine, est submergé dans les crues extraordinaires.

[4] Les digues de Mareau et de Briou font suite l'une à l'autre, et protégent le même val.

N° 3 TABLEAU DES HAUTEURS DES CRUES A PONTE-LAGOSCU

PENDA

DATES DES CRUES	HAUTEUR DES CRUES à Ponte-Lagoscuro, au-dessus des plus basses eaux.	INDICATIO	
		DANS LES DIGUES CONTINUES EN AVAL DE CRÉMONE ET DE LA CHIAVENNA	DANS LES DIGUES ISOLÉES EN AMONT DE CRÉMONE ET DE LA C
Novembre 1705.	m. 6,82	Toutes les digues du Pô ont été rompues, et la plaine submersible a été transformée en un lac immense. On signale 275 brèches dans la province de Mantoue, et 48 dans le seul district de Guastalla.	Toutes ces digues ont probablem été rompues.
Novembre 1719. Novembre 1729. Mai 1755. . . . Octobre 1755. . Septembre 1772. Juillet 1777. . . Juillet 1779. . .	6,84 7,15 7,27 7,44 7,65 7,77 7,81	Voir l'observation.	Voir l'observation. . . . . .
Novembre 1801.	7,69	La digue gauche a été rompue entre l'Oglio et le Mincio : à Scorzarola, sur 500 mètres de longueur; à la Camallina, sur 900 mètres de longueur, et à S. Giacomo. Point de renseignements sur la rive droite.	On n'a point de renseignemen sur ces digues; mais très-probabl plupart d'entre elles ont eu des car même aujourd'hui elles sont toujours rompues pendant les crue pas encore reçu les perfectionnen cessaires.
Décembre 1807.	7,94	La digue gauche a été rompue en deux points à Seravalle, à 3 kilomètr. en amont d'Ostiglia, sur 250 mètres et 80 mètres de longueur. Point de renseignements sur la digue droite.	Même note qu'à la crue de n 1801.
Mai 1810. . . .	8,15	La digue gauche a été rompue à Salietta, en aval du Mincio, sur 80 mètres de longueur. Point de renseignements sur la digue droite.	. . . . *Id.* . . . . .
Octobre 1812. .	8,17	La digue gauche n'a pas été rompue. La digue droite a été rompue à Ravalle, à 7 kilomètres en aval du Panaro.	. . . . *Id.* . . . . .
Octobre 1823. . Mai 1827. . . .	8,11 8,16	La digue gauche n'a pas été rompue. Point de renseignements sur la digue droite.	. . . . *Id.* . . . . .
Octobre 1839. .	8,31	La digue gauche n'a pas été rompue. Point de renseignements sur la digue droite.	. . . . *Id.* . . . . .
Novembre 1839.	8,58	La digue gauche n'a pas été rompue. La digue droite a été rompue à Bonnizzo et à Castel-Trivellino, sur 750 mètres et 500 mètres de longueur.	On signale la rupture de toutes des deux rives, entre les torre venna et Bardonnezza sur la rive de Crémone au Tessin sur la rive Il est présumable que les digue plus en amont ont été également
Novembre 1840. Octobre 1841. .	8,25 8,09	Aucune brèche ne s'est formée dans les digues, sur l'une et l'autre rive.	Même note qu'à la crue de n 1801.
Mai 1846. . . . Octobre 1846. .	8,10 8,18	. . . . *Id.*	Les digues de la rive droite n'o eu de brèches entre les torrents C et Nure; mais elles ont été ro plusieurs points en amont du torr Toutes les digues de la rive g amont de Crémone ont été rompue
Novembre 1855.	8,19	. . . . *Id.*	Point de renseignements préci digues. On peut présumer que des s'y sont faites comme en 1846.
Octobre 1857. .	8,58	Aucune brèche ne s'est formée dans la digue gauche. Il s'est fait deux brèches dons la digue droite à Mezzano-Rondani, où la digue était déprimée.	Les digues de la rive droite ont pues, à l'exception de celles compri les torrents Bardonezza et Tido entre la Trebbia et Plaisance. Les digues de la rive gauche on été rompues.

RÈCHES FAITES AUX DIGUES DU PÔ ET DE SES AFFLUENTS,

ET XIXe SIÈCLES

ES DANS LES DIGUES DES AFFLUENTS	OBSERVATIONS
de renseignements.	Depuis la réparation des brèches de 1705, les digues du Crémonais, sur 80 kilom. de longueur, n'ont jamais été rompues.
de renseignements.	On n'a pas de renseignements précis sur les effets de ces crues ; mais il est très-probable que la plupart, sinon toutes, ont occasionné des brèches ; car les digues du Mantouan étaient alors à la charge d'une vingtaine de syndicats qui avaient peu de ressources, et n'ont pu faire aux digues les perfectionnements nécessaires. Les dépenses d'entretien de ces digues ont passé en 1785 à la charge de la province de Mantoue, et en 1801 à celle de l'Etat, qui a fait peu à peu les travaux de perfectionnement.
de renseignements.	Les eaux introduites dans les plaines protégées, par les trois brèches de la digue gauche, entre l'Oglio et le Mincio, ont coupé les deux digues du Mincio, puis celles de l'Adige. Par ces dernières, elles ont inondé le bas Padouan.
de renseignements.	Les brèches de la digue gauche à Seravalle ont inondé une partie de la Polésine.
de renseignements.	La brèche de la digue gauche à Salietta a inondé une petite partie de la Polésine. L'inondation a été arrêtée à Malaza par une digue transversale.
de renseignements.	La brèche de Ravalle n'a pas été occasionnée par l'excès de hauteur des eaux, mais par des corrosions. Elle a eu lieu quelques heures après le maximum.
1825 et 1827, la digue droite de l'Oglio a été à Cavaltone.	Les brèches de la digue de l'Oglio à Cavaltone ont occasionné l'inondation de la plaine jusqu'à la digue du Pô, sur 12,000 hectares.
de renseignements.	
brèche dans la digue droite de l'Oglio à Caval-	Les brèches de Bonnizzo et Castel-Trivellino n'ont pas été occasionnées par l'excès de hauteur des eaux, mais par des corrosions, et pendant la période de décroissance.
brèches dans les parties des digues du Taro et ne, qui reçoivent le reflux des eaux du Pô. brèche dans la rive droite du Taro, à Viarolo.	La brèche du Taro à Viarolo a inondé les plaines basses jusqu'aux digues du Pô et de la Parma. Une brèche a été faite dans la digue du Pô à Mezzano-Rondani, pour la rentrée de ces eaux dans le lit du fleuve
de renseignements sur la crue de 1840. brèche dans la digue droite du Panaro, en 1841.	
brèche dans la partie des digues de la Parma, it le reflux des eaux du Pô.	
de renseignements.	
y a eu aucune rupture de digues d'affluents.	Il existait une forte dépression à Mezzano-Rondani, au point où la digue droite a été rompue. Les digues de la rive droite comprises entre les torrents Bardonezza et Tidone avaient été perfectionnées depuis 1846.

N° 4

TABLEAU DES HAUTEURS DES PRINCIPALES CRUES DU PÒ

AU-DESSUS DES PLUS BASSES EAUX

INDICATION DES HYDROMÈTRES	DISTANCES en kilomètres	1801 13 novembre.	1807 12 décembre.	1810 18 septembre.	1812 15 octobre.	1823 5 octobre.	1823 16 octobre.	1827 13 mai.	1839 20 octobre.	1839 3 novembre.	1840 6 novembre	1841 31 octobre.	1846 20 mai.	1846 20 octobre.	1855 4 novembre.	1857 7 octobre.
		m.	m.	m.	m.	m.	m.	m.	m.	m.	m.	m.	m.	m.	m.	m.
MONTICELLI	22,0	7,01	....	6,79	6,69	5,58	....	....	7,50	5,44	7,00	6,66	7,80	8,20	7,76	8,74
PLAISANCE	40,8	7,59	....	....	....	7,09	....	....	8,06	7,05	7,44	7,50	8,00	8,55	7,99	8,55
CRÉMONE	24,5	5,98	....	5,88	....	5,06	4,91	5,24	5,69	5,57	5,69	5,60	5,57	5,75	5,84	6,35
ISOLA-PESCAROLI	22,6	6,28	....	....	6,05	5,43	5,58	5,67	5,96	5,85	5,64	5,75	6,10	5,92	6,16	6,58
CASALMAGGIORE	26,5	6,50	....	....	5,82	5,56	5,51	6,28	6,44	6,42	6,10	6,45	6,45	6,66	6,45	6,86
DOSOLO	17,5	8,21	7,82	....	....	....	7,51	....	7,74	7,99	7,77	7,97	7,79	7,95	8,16	....
BORGOFORTE	22,6	8,42	8,22	7,76	8,22	7,55	7,80	8,20	8,08	8,56	7,78	7,87	8,15	8,25	8,61	8,95
S. BENEDETTE	19,4	7,90	8,00	8,45	8,50	....	8,46	8,60	8,57	8,89	8,21	8,59	8,58	8,61	8,75	8,95
OSTIGLIA	20,0	8,66	8,91	9,02	9,17	....	9,11	9,06	9,09	9,55	8,79	9,04	9,11	9,24	9,55	9,67
SERVIDE	15,2	8,08	8,25	8,40	8,56	....	8,59	8,45	8,45	8,70	8,04	8,56	....	8,56	8,59	....
QUATRELLE	20,5	8,06	8,56	8,55	8,75	....	8,65	8,56	8,55	8,85	8,30	8,40	8,58	8,70	8,60	9,05
PONTE-LAGOSCURO	16,2	7,69	7,94	....	8,17	....	8,11	8,16	8,51	8,58	8,25	8,09	8,10	8,18	8,19	8,58
POLESELLA	12,4	....	....	....	7,87	....	7,86	7,94	8,11	8,45	8,03	7,95	....	....	....	8,50
CRESPINO	27,5	....	....	....	7,38	....	7,59	7,50	8,51	7,78	7,61	7,48	....	....	....	7,88
CAVANELLE-DU-PÔ	30,7	....	....	....	5,45	....	5,50	5,61	5,72	5,97	5,67	5,63	....	....	....	....
EMBOUCHURE DE PORTO-SCANARELLO		0,00	0,00	0,00	0,00	0,00	0,00	0,00	0,00	0,00	0,00	0,00	0,00	0,00	0,00	0,00

SECOND MÉMOIRE

DE LA DÉFENSE

DES PLAINES SUBMERSIBLES

DE LA DÉFENSE
DES PLAINES SUBMERSIBLES

I

PRÉAMBULE

Dans un mémoire intitulé : *Considérations sur l'endiguement des rivières*, j'ai présenté le résultat de recherches et d'observations faites sur l'emploi et les conditions d'établissement des digues *insubmersibles*.

Ce sujet a certainement beaucoup d'importance ; mais il ne constitue qu'une partie de la question des inondations.

Cette question, ramenée à ses termes les plus simples, peut être formulée de la manière suivante :

Convient-il de faire des travaux pour améliorer la situation des plaines submersibles qui bordent les fleuves et les rivières? Dans quelles circonstances ces travaux sont-ils motivés? En quoi doivent-ils consister?

Les auteurs qui ont traité de ces matières diffèrent beaucoup d'opinion.

Ils s'accordent à reconnaître que souvent les inondations sont favorables aux plaines submersibles dont elles augmentent la fertilité, et que, parfois aussi, elles occasionnent de regrettables dommages aux terrains submergés et aux récoltes qui les couvrent.

Mais ils ne s'entendent pas sur ce que l'on doit faire pour lutter contre l'action des eaux et diminuer les dommages.

On a principalement parlé des digues longitudinales qui empêchent les eaux des crues de s'épancher sur les terres riveraines, et des réservoirs destinés à diminuer la hauteur des crues, en emmagasinant une partie des eaux qui les produisent; et l'on n'est pas d'accord sur la valeur de ces différents moyens.

Cette dissidence ne provient certainement ni de défaut d'étude, ni de parti pris. Il y a trop de désir consciencieux d'arriver à la vérité, chez les ingénieurs qui ont traité ces questions, pour que l'on puisse admettre l'une ou l'autre de ces causes.

Le défaut d'accord me paraît uniquement résulter de ce que la question des inondations ne se présente nulle part d'une manière simple, dans les conditions naturelles.

Je m'explique.

Sur la plupart des fleuves et des rivières, on a déjà construit des ouvrages de défense. Il faut partir de ce qui existe ; et l'on se trouve, par là, conduit à des ouvrages complémentaires qui diffèrent souvent de ceux qu'il conviendrait d'adopter si les travaux anciens n'existaient pas.

On confond ces deux natures d'ouvrages, et c'est là qu'est, à mon avis, la cause des dissidences que j'ai signalées. On attribue aux uns comme aux autres de ces ouvrages la même signification ; on les traite sur le pied de parfaite égalité, et l'on se jette dans des comparaisons qui ne peuvent avoir aucun résultat utile, puisqu'elles s'exercent sur des objets de natures différentes.

Tel ouvrage ne conviendrait pas pour défendre une vallée libre de tout obstacle artificiel, qui peut devenir utile pour compléter la défense d'une autre vallée où l'on aurait déjà construit certains travaux.

Si l'on ne fait pas la distinction que j'indique, on s'expose à mal juger les ouvrages de cette dernière espèce, et à se priver d'une ressource utile en certains cas. Loin d'éclairer la matière, on augmente l'obscurité qui l'entoure, et l'opinion continue de flotter incertaine au milieu de ces discussions.

Le meilleur moyen de dégager la question des inondations de toutes ces difficultés me paraît consister à étudier ce qu'il convient de faire pour la défense des plaines submersibles, en supposant qu'aucun travail n'ait encore été construit. Quand on sera fixé sur les mesures à prendre dans ce cas, sur la nature et la forme des ouvrages à exécuter, on ne sera plus exposé à se tromper sur le sens et la portée des travaux de nature différente qui n'ont pour but que de compléter ou de rectifier d'autres travaux antérieurement construits.

Les études faites sur les inondations depuis 1856 me paraissent avoir jeté un grand jour sur toutes ces questions et permettre d'apprécier avec assez d'exactitude la valeur des différents ouvrages que les inondations peuvent motiver.

J'ai eu l'occasion d'exprimer mon opinion sur la plupart de ces ouvrages dans les études concernant le bassin de la Loire. Mais les nécessités de ces études ne m'ont pas permis de donner les solutions qui conviennent aux différents cas avec la précision et les développements nécessaires pour bien faire comprendre leur sens et leur portée. J'ai pensé qu'il ne serait pas sans utilité de présenter un tableau sommaire de ces diverses solutions. Tel est le but de cet écrit.

Je n'envisage d'ailleurs les questions qu'à un point de vue général, sans entrer dans aucun détail technique. Mon seul but est d'indiquer la nature des différents ouvrages de défense, et les circonstances qui motivent l'emploi de chacun d'eux.

II

DE L'EMPLOI DES RÉSERVOIRS

Je suppose donc qu'une vallée soit entièrement libre de tout travail de défense contre les inondations. Le fleuve qui la parcourt inonde les plaines riveraines pendant les crues ; et sans examiner, en ce moment, la nature des dommages que peut causer cette submersion, question sur laquelle je reviendrai plus loin, je suppose que l'on veuille empêcher les eaux des crues de couvrir les plaines submersibles de cette vallée.

Peut-on produire ce résultat par l'emploi de réservoirs?

J'examinerai d'abord l'effet des réservoirs sur l'inondation des plaines situées dans les régions moyenne et inférieure des fleuves. Ces plaines sont celles qui ont le plus d'importance et qui attirent principalement l'attention publique.

De pareilles plaines sont couvertes, pendant les grandes crues extraordinaires, de hauteurs d'eau considérables qui, sur les fleuves de France, ne descendent guère au-dessous de 2 mètres à 3 mètres.

Pour soustraire entièrement les plaines dont il s'agit à la submersion, il faudrait donc pouvoir réaliser, par l'emploi des réservoirs, un abaissement de 2 mètres à 3 mètres au moins, dans la hauteur des grandes crues.

Or, les études faites sur l'action des réservoirs ont démontré qu'un pareil résultat ne peut être obtenu. Les plus grands emmagasinements d'eau que l'on puisse produire n'exercent sur le débit maximum et la hauteur des crues qu'une action bien inférieure à celle dont nous venons de reconnaître la nécessité.

Par exemple, les réservoirs qu'il est possible d'établir utilement dans les parties supérieures des bassins de la Loire et de l'Allier, ne sauraient diminuer la hauteur des grandes crues que d'environ 1 mètre sur la première de ces rivières et de $0^{m},70$ sur la seconde, à proximité de leur point de jonction. Il y a très-loin de là à la diminution qu'il faudrait réaliser pour soustraire les plaines submersibles aux inondations.

On ne pourrait cependant se contenter de ce résultat incomplet, si l'on jugeait que la submersion des plaines fût une cause de dommages ; car cette cause persistant en très-grande partie, les dommages se produiraient après la construction des réservoirs à peu de chose près comme avant. Il faudrait donc ajouter d'autres ouvrages à ceux-là, des digues longitudinales, par exemple. Et l'on pourrait alors se demander avec juste raison, surtout en présence des dépenses considérables qu'occasionnent les réservoirs, si ces autres ouvrages ne pourraient pas mieux résoudre la question en les employant seuls.

Il ne paraît pas possible d'ailleurs d'obtenir dans les plaines que nous considérons en ce moment, par l'emploi des réservoirs, des résultats plus marqués que ceux dont je viens de parler. Les réservoirs ne peuvent, en effet, être établis indistinctement dans toutes les rivières et dans tous leurs affluents. Outre que toutes les localités ne se prêtent pas à la construction d'ouvages de cette nature, la durée plus ou moins grande des crues des différents affluents, leur marche plus ou moins rapide, établissent de l'inégalité dans l'action des réservoirs que l'on y construirait. Quelques-uns de ces réservoirs pourraient ne pas avoir d'utilité, et l'emploi de ce moyen d'action se trouve ainsi limité.

Nous pouvons donc conclure que dans les régions moyenne et inférieure des fleuves, qui ne seraient munies d'aucun autre moyen de défense contre les inondations, il n'est pas possible d'empêcher entièrement, par l'emploi de réservoirs, l'inondation des plaines submersibles.

Mais lorsque les plaines que nous considérons en ce moment sont déjà munies d'ouvrages de défense, la question change de face. Si, par exemple, on a antérieurement établi des digues qui laissent trop peu de largeur au lit du fleuve, on n'a plus alors à diminuer le débit maximum des grandes crues que de la quantité nécessaire pour que le lit endigué puisse lui donner écoulement, et les réservoirs peuvent, suivant les circonstances, produire un pareil résultat.

C'est ce qui se présente dans les endiguements de la Loire. Il serait possible de diminuer assez le débit maximum des grandes crues, par l'emploi des réservoirs, pour que le débit atténué fût en rapport avec la capacité réduite que les digues ont donnée au lit du fleuve.

Les réservoirs ainsi appliqués rentrent dans la catégorie des mesures dont je parlais dans le préambule de ce mémoire, et qui n'ont pour but que de compléter et corriger des travaux antérieurement exécutés.

Revenons au cas d'une vallée libre de tout travail de défense, et considérons maintenant les plaines situées dans la région supérieure des bassins des fleuves.

Dans cette région, les effets des réservoirs sont beaucoup plus marqués, et d'autant plus que l'on se rapproche davantage des lieux où les réservoirs sont construits. Il y a même des affluents où les réservoirs pourraient recevoir une telle capacité, que les ruisseaux ne sortiraient plus de leur lit mineur dans les plus grandes crues.

Les rivières de cette région supérieure des fleuves ont en général plus de crues que les fleuves eux-mêmes. Il suffit souvent d'un orage très-limité en étendue pour déterminer dans ces petits cours d'eau une grande crue qui se perd en arrivant dans la rivière principale. Et quand les crues peuvent causer des dommages sur les bords des petits cours d'eau, ces dommages deviennent ainsi très-fréquents.

Un assez grand nombre de ces petites rivières renferment de nombreuses usines. Des routes et souvent des chemins de fer sont établis dans leurs vallées. Les rives de ces cours d'eau sont ainsi exposées aux dommages fréquents dont nous venons de parler.

Dans ce cas, l'atténuation des crues acquiert une véritable importance, et il est presque toujours possible de l'obtenir au moyen de réservoirs.

Voilà donc une circonstance où les réservoirs

constituent un moyen efficace de défense par eux-mêmes, dans des vallées où aucun autre travail de défense n'a été antérieurement construit.

C'est à ce moyen de défense que l'on a eu recours à Saint-Étienne et dans quelques autres localités; et on en a obtenu d'excellents résultats. On pourra toujours l'employer avec certitude, en cas semblable, toutes les fois que les intérêts à protéger auront assez d'importance pour motiver la construction, toujours dispendieuse, des réservoirs.

III

DE L'EMPLOI DES DIGUES LONGITUDINALES

Pour défendre les plaines submersibles, on n'a presque exclusivement employé, jusqu'à présent, que des digues longitudinales.

Ce genre d'ouvrage, comme on l'a justement fait remarquer, a l'avantage de se prêter facilement aux nécessités de la défense, et de se proportionner à ses besoins.

Peut-on, par ce moyen, satisfaire à toutes ces nécessités, à tous ces besoins? C'est ainsi que la question se présente.

Ne perdons pas de vue qu'il s'agit d'une vallée dans laquelle aucun ouvrage de défense n'a encore été construit.

Les inondations, dans une pareille vallée, n'ont pas la gravité qu'elles prennent lorsque le cours des eaux est entravé par des ouvrages mal conçus.

Pendant les crues, les plaines submersibles sont couvertes d'eau, et dans certaines circonstances, les récoltes en sont altérées ou même détruites. Mais les terres submergées reçoivent aussi un dépôt de limon qui augmente leur fécondité.

Les inondations produisent ainsi du mal et du bien. Suivant que les inconvénients sont plus grands ou plus faibles que les avantages, il y a plus ou moins d'intérêt à défendre les plaines submersibles.

Dans quels cas cette défense est-elle motivée? Peut-on l'obtenir au moyen de digues longitudinales? Et comment ces ouvrages doivent-ils être disposés dans les différents cas?

Le régime d'une vallée, au point de vue des inondations, dépend de trois choses : de la largeur des plaines submersibles; de la hauteur de ces plaines au-dessus du fond de la rivière; de la fréquence des crues.

Considérons d'abord une plaine de grande largeur, semblable, par exemple, à celles qui bordent le Pô ou aux vals d'Orléans et de l'Authion sur la Loire.

Une pareille plaine est condamnée à une culture imparfaite si elle reste exposée aux inondations. Il est difficile, sinon impossible, d'y établir les centres de population agricole que la culture réclame. Au delà d'une certaine largeur, la défense de la plaine est ainsi parfaitement motivée, et les digues longitudinales me paraissent constituer le meilleur, je dirai même l'unique moyen de défendre de pareilles plaines.

Je dis en outre que c'est au moyen de digues *insubmersibles* que l'on doit opérer cette défense; car les digues ne sont employées alors que pour faciliter l'établissement de centres de population agricole dans la plaine; et quand on a ainsi donné naissance à une foule de villages, rien n'est plus nuisible, plus dangereux que l'inondation.

Quelques ingénieurs ont prétendu que l'on ne peut pas faire des digues réellement insubmersibles. Je ne puis admettre cette opinion. Qu'elle soit née en présence des digues mal conçues, mal exécutées que nous avons sous les yeux, je le conçois; mais si, agissant dans la vallée libre de travaux antérieurs, que nous considérons, on ne veut pas s'obstiner à défendre des plaines trop étroites et à construire les digues trop près des rivières, on pourra toujours maintenir la hauteur des grandes crues dans des limites raisonnables, et qu'il est possible d'apprécier.

Que si l'on objecte l'éventualité de crues dépassant tout ce que l'on a pu observer, je répondrai que de pareils faits, qui sont si rares que c'est à peu près comme s'ils n'existaient pas, ne doivent pas entrer dans les spéculations.

D'ailleurs, à tout prendre, serait-il impossible d'y avoir égard ? Les crues qui dépasseraient tout ce que l'on a vu doivent avoir une limite. Sans que l'on puisse la reconnaître d'une manière précise, on peut raisonnablement admettre que cette limite n'est pas tellement supérieure à la hauteur des grandes crues, qu'il soit impossible de l'atteindre au moyen de digues. Si l'on calculait, par exemple, ce que donnerait une crue supérieure de 1 mètre à celle de 1856 dans la partie inférieure de la Loire, on arriverait à un chiffre tellement supérieur à celui qui s'est écoulé, que de fortes crues des affluents qui n'ont pas donné en 1856, pourraient y trouver place. Que l'on force les choses si l'on veut être plus sûr du succès; que l'on se donne une latitude de 2 mètres, de 3 mètres. Cela ne sera pas une raison pour ne pas construire la digue dont la nécessité serait reconnue. La plupart des digues construites ont de 6 à 8 mètres de hauteur. On ne devrait certainement pas hésiter, au seul point vue de la réussite de l'ouvrage, à en construire qui aient jusqu'à 10 mètres de hauteur, en prenant, bien entendu, les précautions nécessaires pour leur bonne exécution, si la convenance et l'utilité de pareilles digues étaient reconnues.

J'admettrai donc que les plaines submersibles de grande largeur doivent être défendues au moyen de digues que l'on saura rendre *insubmersibles*.

Ces digues devraient être tracées suivant les principes que j'ai exposés dans le mémoire sur l'endiguement des rivières, à une grande distance de la rivière, qu'elles longent de manière que l'augmentation que produit toujours l'endiguement dans le débit maximum des crues en aval de la digue, soit maintenue dans des limites raisonnables.

De cette manière, l'endiguement sera très-utile aux terrains protégés, et n'aggravera pas d'une manière nuisible la position des terrains d'aval.

Mais si les terrains protégés par la digue sont mis à l'abri des inondations ; si, par ce moyen, ils peuvent recevoir une culture plus perfectionnée, ils perdent d'autre part le bénéfice du passage des eaux des crues, et les éléments de fécondation que ces eaux déposent sur les terrains qu'elles couvrent.

C'est là une conséquence nécessaire de la défense absolue. On ne peut pas tout avoir.

Si vous voulez être complétement à l'abri des inondations, si votre plaine se garnit d'habitations, de villages et de cultures qui rendent trop nuisible la submersion pendant les grandes crues, considérez alors vos terrains comme semblables aux terres des plaines élevées, que les eaux des crues ne peuvent atteindre, et résignez-vous à leur donner des engrais pour compenser les limons qu'ils ne reçoivent plus.

C'est une perte assez grave que celle des engrais donnés naturellement par les crues, sans aucune dépense à faire par les propriétaires. Aussi ne doit-on adopter les digues *insubmersibles* que quand elles sont tout à fait motivées par la trop grande largeur de la plaine.

On est généralement d'accord sur l'importance des résultats que produisent les limons déposés par les crues sur les terrains qu'elles recouvrent. Cependant la présence d'ensablements assez considérables déposés pendant les crues, sur les terres riveraines, a introduit un peu d'incertitude dans cette question. On a douté que les avantages fussent aussi grands que quelques personnes l'admettent. Je crois que c'est à tort. Il se produit en effet des ensablements sur quelques points des plaines submersibles; mais, outre qu'ils tiennent presque toujours à des causes particulières, dont je parlerai plus loin, et qu'il n'est pas impossible de faire disparaître, ces ensablements n'ont pas en somme une grande importance. Ils ne couvrent qu'une fraction extrêmement petite de toutes les terres submergées, et le reste de ces terres ne reçoit que des dépôts vaseux qui augmentent merveilleusement leur fertilité.

L'inondation des plaines submersibles a donc en général plus d'avantages que d'inconvénients; et la grande largeur de ces plaines peut seule, comme je le disais plus haut, motiver l'emploi de digues insubmersibles.

J'arrive à la défense des plaines de faible largeur.

Par les motifs qui viennent d'être donnés, je pense qu'il ne convient pas d'empêcher les eaux des crues de s'épancher sur ces plaines. Mais il faut s'efforcer de faire cesser les dommages que peuvent causer aux terres riveraines les ensablements et la fréquence des crues d'été assez fortes pour détruire les récoltes.

Si, par suite de la hauteur de la plaine submersible et de la rareté des inondations d'été, les crues ne deviennent nuisibles, comme cela se présente souvent, que tous les six ou huit ans, il n'y a véritablement alors aucun intérêt sérieux à empêcher les eaux des crues de couvrir librement les terres riveraines.

Les terres ainsi placées se trouvent naturellement dans les meilleures conditions. Toute crue les féconde; et si à de longs intervalles une récolte est perdue, il y a une large compensation dans la masse de limons que les crues y déposent. Ce serait presque toujours un mauvais calcul que d'essayer de sauver les rares récoltes qui se perdent; car on ne le pourrait qu'en employant des digues coûteuses à construire et à entretenir, et qui priveraient les terrains d'une parties des limons qu'ils recevaient auparavant.

Lorsque de pareilles plaines bordent des rivières à lit fixe, leur surface est presque toujours très-régulière. Elles se trouvent alors dans les conditions les plus satisfaisantes. Il n'y a absolument rien à y faire.

Lorsqu'elles bordent des rivières à lit mobile, elles sont ordinairement sillonnées de dépressions qui donnent lieu à divers dommages. Ces dépressions ont presque toujours une entrée et une sortie sur la berge de la rivière. L'eau peut dès lors s'y introduire pendant de petites crues qui n'auraient pas assez de hauteur pour couvrir les parties les plus élevées de la plaine; ce qui augmente le nombre des cas de submersion pour les parties déprimées. En outre, dans les grandes crues, l'eau s'introduit plus tôt dans ces dépressions, et y établit des courants très-nuisibles. Ces courants déterminent souvent des corrosions et quelquefois le changement du lit de la rivière. D'autres fois, suivant les circonstances locales, ils occasionnent les ensablements dont je parlais précédemment.

Il est alors nécessaire d'empêcher l'eau de s'introduire dans la dépression, avant que la crue ait atteint le niveau général supérieur de la plaine.

On obtient ce résultat au moyen de petites digues qui ferment, au droit des berges de la rivière, les issues des dépressions dont je parle. En limitant la hauteur de ces digues à celle des parties les plus élevées de la plaine, on aura mis cette plaine dans la même situation que si la surface était régulière.

Les digues ainsi conçues sont nécessairement *discontinues*, car elles cessent d'exister dans toutes les parties où la berge atteint le niveau général supérieur de la plaine. Et ces parties élevées de la berge ont, en général, beaucoup plus de longueur que les parties déprimées. Sur la Loire supérieure et l'Allier, les dépressions ont à peine ensemble la vingtième partie de la longueur des rives.

Mais les crues nuisibles d'été ne sont pas toujours aussi rares que je viens de le supposer. Elles deviennent quelquefois plus nombreuses soit à cause de la faible élévation de la plaine submersible au-dessus du fond de la rivière, soit à cause de la multiplicité des affluents d'amont, lorsque les crues de ces affluents proviennent de conditions atmosphériques différentes. Par exemple, sur la Loire, jusqu'à Tours, on n'a que les crues produites par la Loire supérieure et l'Allier. Le Cher et la Vienne présentent, de leur côté, un certain nombre de crues qui n'ont pas en général de corrélation avec celle de la Loire et de l'Allier. Par suite, en aval de l'embouchure de la Vienne, les riverains de la Loire subissent non-seulement les crues que l'on observe déjà en amont de Tours, mais encore toutes celles qui proviennent exclusivement du Cher et de la Vienne.

Lorsque les crues nuisibles d'été deviennent ainsi trop fréquentes, il est convenable de défendre les plaines submersibles contre les crues de cette espèce, et les digues constituent le meilleur moyen de réaliser cette défense.

Mais tout en défendant ces plaines de faible largeur contre les crues ordinaires d'été, il convient de les laisser accessibles aux grandes crues, pour les motifs que j'ai déjà indiqués et que je résume ici. La défense absolue, contre les plus grandes crues, exige une hauteur de digue et par suite une dépense souvent hors de proportion avec les intérêts que présentent les plaines de faible largeur. On doit laisser, le long de pareilles digues, au lit majeur du fleuve, une largeur assez grande qui diminue celle de la plaine protégée, et par suite l'intérêt qui s'attache à cette protection. On prive ainsi la plaine protégée, ou au moins une partie de cette plaine, des éléments de fécondation qu'y déposent les grandes crues. Enfin les digues insubmersibles sont fort exposées pendant les grandes crues; dès lors il faut apporter les plus grands soins dans leur construction. Par suite elles deviennent très-dispendieuses; et si l'on ne prend pas les précautions suffisantes, on expose la plaine endiguée aux dégâts considérables que cause la rupture des digues.

J'admets donc que les plaines submersibles de faible largeur dont nous nous occupons en ce moment devront être défendues, au moyen de digues, contre les crues ordinaires d'été, mais que la hauteur de ces digues devra être limitée à celle des crues réellement nuisibles, et qu'on devra laisser les digues *submersibles* par toute crue supérieure à ces crues nuisibles.

Ces digues submersibles, s'élevant partout au-dessus du niveau de la plaine, seront nécessairement *continues ;* différant en cela des digues de défense des terrains moins exposés aux crues d'été, dont nous nous sommes occupés précédemment.

La hauteur à laquelle les digues *submersibles continues* doivent être établies, dépend des circonstances locales et du régime de la rivière. Il vaut mieux, d'ailleurs, laisser les terrains exposés à quelques rares crues d'été que de forcer la hauteur des digues. Outre que les digues plus hautes occasionnent des dépenses plus fortes et diminuent la quantité de limon déposée par les crues, elles perdent un peu, par la plus grande hauteur, de leur caractère de submersibilité, et il importe beaucoup, au contraire, de le conserver, de le rendre le plus manifeste possible.

Rien n'est, en effet, plus dangereux que d'induire les populations en erreur sur la destination des digues. Tant que l'on considère une digue comme submersible, on ne fait dans la plaine aucune entreprise qui puisse souffrir de la submersion, et les inondations ne sont qu'un bienfait.

Mais qu'un exhaussement un peu fort de la digue puisse faire naître l'espoir de son insubmersibilité, on se hâte de traiter la plaine comme si cette insubmersibilité était assurée, et quand les grandes crues surviennent, on éprouve de véritables désastres.

La vallée de la Loire présente quelques exemples frappants de ce danger.

C'est ainsi que, trompé sans doute par les apparences de la digue du val de la Cisse, on a placé dans ce val, sur plus de 40 kilomètres de longueur, le chemin de fer d'Orléans à Tours.

Dans les grandes crues extraordinaires, la digue de la Cisse est toujours rompue, même quand d'autres digues sont épargnées, et le chemin de fer est interrompu pour plusieurs jours.

La plaine de la Cisse était certainement, à cause de sa très-faible largeur, une de celles qu'il eût été convenable de laisser submersibles.

Et si les caractères de submersibilité du val avaient

été bien apparents, on ne se serait pas trompé comme on l'a fait, et l'on aurait placé le chemin de fer au pied du coteau, au-dessus du niveau des hautes eaux.

Les nécessités mêmes de l'établissement des digues submersibles donnent un moyen simple de mettre leur caractère en évidence. Il importe, en effet, de se ménager alors la possibilité de remplir la plaine protégée, dans les grandes crues qui doivent dépasser la hauteur de la digue, afin d'éviter les ruptures. On peut opérer ce remplissage de diverses manières suivant les circonstances. Il n'entre pas dans mon but de décrire ici les ouvrages que l'on peut employer pour cela. Mais quels qu'ils soient, ils montrent la destination de la digue, et donnent toujours et à tous, avis que la plaine est submersible dans les crues qui dépassent une certaine hauteur.

Les deux espèces de digues *submersibles*, *discontinues* ou *continues*, dont je viens de parler, influent de manières très-différentes sur l'écoulement des crues, et la différence de leur action doit nécessairement en apporter dans leur tracé et leur mode de construction. Il me paraît utile d'entrer dans quelques développements à ce sujet.

Les digues *discontinues* qui ne dépassent pas le niveau général supérieur des terres riveraines, n'enlèvent à la submersion que des surfaces en général assez minimes, pendant les petites crues qui n'atteignent pas les parties les plus élevées de la plaine, et elles ne modifient en rien les capacités où s'emmagasinent les eaux, dans les crues assez fortes pour couvrir la plaine tout entière.

Or les digues, ainsi que je l'ai dit dans le mémoire sur l'endiguement des rivières, n'augmentent le débit maximum des crues qu'en raison de la diminution qu'elles apportent dans les capacités qui se remplissent d'eau pendant le passage des crues.

Donc les digues submersibles discontinues, qui nous occupent en ce moment, ne modifient pas le débit maximum des crues qui inondent toute la plaine, et ne peuvent apporter qu'une augmentation insignifiante dans celui des crues qui ne l'inondent que partiellement; crues très-faibles d'ailleurs et dont il n'y a pas à se préoccuper.

Par conséquent, la position de ces digues est indifférente au point de vue de l'écoulement des crues. On peut les tracer comme on l'entend, suivant les nécessités de chaque localité, sans craindre de modifier le débit maximum des crues d'une manière nuisible pour d'autres localités.

Le plus ordinairement les digues de cette espèce sont placées sur le bord même de la rivière, et forment la continuation de la berge naturelle. Il n'y a aucun inconvénient, comme on vient de le voir, à les tracer ainsi.

Les digues submersibles *continues* qui dépassent le niveau général supérieur de la plaine, ont pour but de garantir les terres riveraines contre certaines crues moyennes qui, sans cela, couvriraient la plaine submersible tout entière.

Pendant ces crues, les digues enlèvent à la submersion toutes les terres qu'elles protégent. Elles diminuent donc les capacités où s'emmagasinent les eaux des crues en question.

Par conséquent, pour le motif rappelé plus haut, le débit maximum de ces crues se trouve augmenté.

Si l'endiguement continu n'a pas beaucoup de longueur, un nouveau débit maximum un peu supérieur au débit naturel se produit à son extrémité d'aval, et ce nouveau débit est substitué à l'ancien en aval de l'endiguement[1].

Mais si les digues se prolongent sur une grande longueur, les capacités enlevées à la submersion prenant sans cesse plus d'importance, à mesure que l'on des-

[1] Le nouveau débit maximum subit ensuite, comme l'ancien, toutes les modifications qui résultent de la propagation de la crue et de l'arrivée des affluents. Mais l'augmentation qu'il a reçue au passage de l'endiguement ne se perd pas, et en chaque point en aval des digues on retrouve un débit maximum un peu plus fort que celui qui existait avant l'endiguement.

cend, l'augmentation du débit maximum doit aussi toujours aller en croissant.

Il résulte de là que si l'on établissait sur toute leur longueur les digues submersibles continues à la hauteur que prend en chaque lieu, dans l'état naturel, la crue contre laquelle on veut se défendre, ces digues deviendraient bientôt insuffisantes, et que leur insuffisance serait d'autant plus marquée que l'on considérerait un point situé plus en aval.

Pour défendre efficacement, sur toute la longueur d'une rivière, les plaines submersibles contre une crue moyenne déterminée, au moyen de digues dépassant partout le niveau du sol, il faudrait donc donner à ces digues une hauteur sans cesse croissante. La hauteur des digues, en chaque point, dépend, dans ce cas, de la valeur qu'y acquiert le débit maximum de la crue; valeur qui résulte de la largeur du lit endigué, et devient d'autant plus forte que cette largeur est moindre.

La détermination des conditions d'établissement de pareilles digues présente de sérieuses difficultés.

Ces difficultés existeraient, quand même on aurait des méthodes exactes pour calculer l'augmentation qu'apporte dans le débit maximum tel ou tel retranchement opéré dans les surfaces inondables ; car pour des endiguements de grande longueur, on se trouverait conduit soit à donner aux digues d'aval des hauteur très-grandes et périlleuses, si l'on adoptait partout, pour le lit endigué, une largeur peu différente de celle du lit mineur, soit à élargir le lit endigué, de manière à lui faire occuper la plus grande partie de la plaine à défendre, si l'on voulait maintenir la hauteur des digues d'aval dans de certaines limites. Dans un cas on serait conduit à des impossibilités, et dans l'autre on détruirait en grande partie les avantages du projet.

Mais, en outre, comme on le sait, la science ne donne pas les moyens de faire avec certitude les calculs qu'exige l'établissement de pareilles digues. On est réduit à employer des méthodes d'approximation, de tâtonnement; et les procédés de cette espèce, quoique utiles en l'absence de méthodes rigoureuses, peuvent augmenter les inconvénients inhérents aux ouvrages auxquels on les applique.

Des deux espèces de digues submersibles dont je viens de parler, la première est donc d'un usage facile et a l'avantage de ne point apporter de changement dans le mode d'écoulement des crues; la seconde, au contraire, modifie toujours ce mode d'écoulement, d'une manière d'autant plus marquée que les digues ont plus de longueur; et les conditions d'existence de pareilles digues sont difficiles à déterminer.

Il faut donc, autant que possible, employer les petites digues discontinues qui ne dépassent pas le niveau général supérieur de la plaine, et ne recourir aux digues submersibles continues, qui sont partout en relief sur le sol naturel, que dans le cas de nécessité absolue, quand le nombre et la hauteur des crues nuisibles d'été rendent ce mode de défense indispensable.

Si même il arrivait que les plaines fussent très-basses et très-fréquemment inondées en été sur une très-grande partie de la longueur d'une rivière, on devrait hésiter à y construire des digues submersibles continues. De pareilles plaines me semblent être dans des conditions où la défense n'est pas justifiée, et ce serait le cas de dire avec les ingénieurs italiens, qu'il faut les laisser *mûrir* avant de songer à les défendre.

Il résulte de tout ce qui précède que dans une vallée libre de tout travail de défense antérieur, on peut procurer aux plaines submersibles un régime satisfaisant au moyen de digues soit *insubmersibles*, soit *submersibles*, mais en se conformant aux règles suivantes :

Les digues *insubmersibles* doivent être exclusivement appliquées à la défense des plaines de grande largeur, et il convient de tracer de pareilles digues à une assez grande distance du fleuve, tant pour ne pas donner trop de surélévation aux grandes crues le long de l'endiguement, que pour ne pas trop augmenter le débit maximum de la crue en aval.

Les digues *submersibles* appliquées à la défense des

plaines de faible largeur ne doivent s'élever en relief au-dessus du sol, d'une manière *continue*, que dans les localités où les crues nuisibles d'été sont fréquentes.

Partout ailleurs les plaines de faible largeur seront efficacement défendues au moyen de petites digues *submersibles discontinues*, bouchant seulement les dépressions des berges et ne dépassant pas le niveau des parties supérieures des plaines.

Mais lorsque, dans une vallée, des digues ont déjà été établies comme insubmersibles, et que faute d'avoir laissé au lit majeur du fleuve une largeur suffisante, ces digues sont surmontées et rompues par toutes les grandes crues extraordinaires, on ne peut plus se diriger d'après les règles qui viennent d'être énoncées.

On est alors forcé de recourir à des mesures exceptionnelles, variables suivant les circonstances, et qui ne sont que des expédients pour corriger autant que possible les défauts des ouvrages antérieurs et diminuer les causes de dommage que ces ouvrages laissent subsister.

C'est ainsi que l'on a été conduit à proposer, dans la vallée de la Loire, l'exhaussement de certaines digues défendant des vallées d'assez faible largeur, et la construction de déversoirs, produisant, dans les grandes crues extraordinaires, la submersion de certaines vallées ayant de grandes largeurs.

Il ne faut voir dans ces travaux que des mesures faisant suite à d'autres mesures antérieures qui sont défectueuses. Le problème à résoudre n'est pas alors de faire le mieux possible d'une manière absolue, mais de faire le moins mal possible avec ce qui existe.

Cette observation montre de nouveau la nécessité de faire, entre les travaux que l'on peut entreprendre pour diminuer les effets nuisibles des inondations, la distinction dont j'ai parlé dans le préambule de cet écrit, si l'on veut s'entendre sur la valeur de ces travaux et éviter les inconvénients que la confusion et l'équivoque peuvent faire naître.

IV

DE LA DÉFENSE DES RIVES

Continuons d'envisager une vallée dans son état naturel, sans aucun travail antérieur de défense. Je suppose que l'on veuille faire cesser les dommages que les inondations occasionnent, et que l'on ait projeté les digues, soit insubmersibles, soit submersibles, dont j'ai parlé au paragraphe précédent.

Si ces ouvrages sont projetés sur les bords d'une rivière à lit fixe, ils pourront, en général, suffire à eux seuls pour opérer la défense de la vallée.

Mais si la rivière est à lit mobile, il n'en est plus ainsi. Les rivières de cette nature corrodent, en effet, leurs rives d'une manière incessante, et se déplacent tellement dans les plaines qui les bordent, qu'il n'y aurait aucune sécurité pour les digues de défense, si on n'arrêtait pas ces corrosions. Les digues placées à proximité de la rivière seraient promptement attaquées et entraînées ; et les plus éloignées n'échapperaient même pas à ce danger, tant est considérable le mouvement qu'éprouve le lit des rivières de cette espèce au milieu des plaines qui les entourent.

Il est donc indispensable de défendre les berges du lit des rivières à lit mobile contre les corrosions, si l'on veut donner quelque sécurité aux ouvrages de défense que l'on construit sur leurs bords.

Je dis plus ; on ne ferait pas de digues de défense que ce n'en serait pas moins une très-utile et excellente mesure que de défendre les berges contre la corrosion des eaux. Car on arrêterait ainsi la destruction de terres riveraines, qui se fait chaque année dans une si grande proportion sur les bords des rivières à lit mobile, et on apporterait une grande amélioration dans le régime du lit de ces rivières, en tarissant l'une des principales sources des sables qui tapissent leur lit.

La Loire est un fleuve à lit mobile, et parmi les grandes rivières qui lui apportent le tribut de leurs eaux, l'Allier a le même caractère.

Avant le confluent de la Loire et de l'Allier, il n'existe actuellement sur les bords de ces deux rivières, que de très-rares travaux de défense. On peut considérer les plaines qui les entourent comme librement accessibles aux inondations.

Ces plaines sont généralement à des hauteurs telles que les crues d'été les inondent très-rarement.

Elles se trouvent donc, à quelques exceptions près, dans le cas indiqué au paragraphe précédent, où il suffit d'établir les petites digues submersibles discontinues qui doivent boucher les issues des dépressions des plaines submersibles, au niveau de la surface supérieure de ces plaines.

En combinant ces petites digues submersibles discontinues, avec la défense des berges corrodées, on aura pourvu, autant qu'il est raisonnable de le faire, à la défense des plaines submersibles qui accompagnent la Loire et l'Allier.

Ces travaux, d'une efficacité certaine, sont d'ailleurs peu dispendieux; et c'est à eux qu'il convient, presque toujours, de borner les mesures à prendre contre les inondations sur les rivières à lit mobile qui n'ont que de rares crues d'été pouvant couvrir les plaines submersibles.

V

RÉSUMÉ ET CONCLUSIONS

Les considérations développées dans ce mémoire conduisent aux conclusions suivantes :

Dans ce qui va suivre, je supposerai d'abord qu'il s'agisse d'une vallée dans laquelle aucun ouvrage de défense n'ait encore été construit.

Il n'y a d'intérêt réel à empêcher les eaux des crues de s'épancher sur les plaines submersibles, que quand ces plaines ont une grande largeur [1].

Lorsque les plaines submersibles ont une faible largeur, les inconvénients de la submersion sont moin-

[1] Exemples : les plaines du Pô en aval de Crémone ; celles de Saint-Benoit, d'Orléans et de l'Authion dans la vallée de la Loire.

dres que les avantages résultant du limon déposé sur ces plaines par les eaux des crues; en supposant que l'on prenne, d'autre part, comme je le dirai plus loin, les précautions nécessaires pour que la submersion cause le moins de dommage possible.

On ne peut soustraire entièrement les plaines submersibles de grande largeur aux inondations qu'au moyen de digues *insubmersibles*.

Ces digues doivent être tracées de manière à laisser au lit majeur du fleuve une assez grande largeur, afin de ne pas trop surélever les crues dans le lit du fleuve rétréci par l'endiguement, et de ne pas donner trop d'importance à l'augmentation du débit maximum des crues, qui résulte, en aval de l'endiguement, de ce que l'on a diminué les surfaces sur lesquelles les eaux des crues s'emmagasinent.

Il ne serait pas possible d'abaisser assez les crues au moyen de réservoirs, pour que, dans les régions moyenne et inférieure des fleuves, les eaux des grandes crues cessassent de se répandre sur les plaines submersibles.

Il n'y a pas, d'ailleurs, d'intérêt sérieux à produire dans les crues la faible atténuation que l'on peut obtenir par les réservoirs, au point de vue des plaines de faible largeur, puisque l'on ne doit pas chercher à soustraire ces plaines à la submersion.

Les réservoirs ne peuvent donc servir, dans l'hypothèse où nous nous sommes placé, c'est-à-dire, quand il n'existe pas encore d'ouvrage de défense contre les inondations, à améliorer d'une manière générale le régime des plaines submersibles des régions moyenne et inférieure des fleuves.

Mais ils peuvent rendre d'utiles services dans la région supérieure où ils procurent le moyen de défendre efficacement contre les inondations les rives des petites vallées dans lesquelles existent des intérêts assez nombreux pour motiver cette protection.

Les plaines submersibles de faible largeur, qu'il convient, comme nous l'avons dit plus haut, de laisser soumises à la submersion, seront, en général, efficacement défendues contre les érosions et les ensablements, seules causes des dommages qu'elles subissent, en empêchant les eaux des crues de pénétrer dans les parties déprimées de ces plaines avant que les crues n'aient atteint le niveau des parties les plus élevées; ce que l'on obtient en bouchant toutes les ouvertures des berges où aboutissent ces dépressions, au moyen de petites digues ne s'élevant pas plus haut que les parties supérieurs de la plaine, et qui sont dès lors *submersibles* et *discontinues*.

Si, cependant, la plaine était exposée à de trop nombreuses submersions d'été, soit à cause de la fréquence des grandes crues de cette saison, soit à cause du peu d'élévation de la plaine au-dessus du fond de la rivière, il serait convenable d'employer, comme moyen de défense, des digues *continues*, partout en relief sur le sol de la plaine, mais en établissant ces digues à une hauteur telle qu'elles restent *submersibles* pour toutes les crues supérieures à celles contre lesquelles on veut défendre la plaine.

Toutefois, comme les digues *submersibles continues* présentent de sérieuses difficultés dans leur établissement, et deviendraient dangereuses dans l'avenir si, comme cela est souvent arrivé, on augmentait leur hauteur, dans le but de les rendre insubmersibles, il convient d'en restreindre l'usage autant que possible.

On devrait même renoncer à défendre des plaines très-basses et très-fréquemment inondées en été, si ces plaines avaient une grande longueur. Car les inconvénients des digues submersibles continues deviennent d'autant plus grands que ces digues prennent un plus grand développement. En cas semblable, il convient d'attendre, pour faire des travaux de défense, que les plaines soient suffisamment exhaussées par les dépôts des crues ; qu'elles soient *mûres*, pour nous servir d'une expression des ingénieurs italiens.

Si le fleuve que l'on considère est à lit mobile, et si par suite ses rives sont facilement corrodées par les eaux, le travail le plus utile que l'on puisse faire pour améliorer la situation des plaines submersibles, est de défendre les berges de manière à empêcher leur corrosion.

Les travaux de défense des berges, combinés avec les petites digues *submersibles discontinues* définies plus haut, constitueront sans doute, sur la plus grande partie de la longueur des rivières, le travail le plus utile et le plus efficace que l'on puisse faire pour défendre les plaines de faible largeur contre les inondations.

Tels sont les principes d'après lesquels je pense que l'on devrait régler les ouvrages de défense des plaines submersibles d'un fleuve sur lequel aucun ouvrage de cette nature n'aurait encore été construit.

Mais presque toutes les rivières sont déjà munies d'ouvrages de défense, ordinairement insuffisants, et les règles générales que nous venons d'énoncer ne peuvent être simplement appliquées aux lieux où ces ouvrages existent.

Les nouveaux ouvrages doivent être nécessairement coordonnés avec les anciens; et on est souvent conduit alors à employer des ouvrages nouveaux qui n'auraient pas de raison d'être si les anciens n'existaient pas.

C'est ainsi que, sur la Loire, les réservoirs qui ne sauraient avoir d'utilité pour les plaines inférieures, si ces plaines étaient entièrement accessibles aux inondations, pourraient produire dans le débit maximum des crues une atténuation suffisante pour que le lit endigué actuel du fleuve pût donner écoulement aux plus grandes crues. Les réservoirs compléteraient ainsi la défense des plaines inférieures, qui n'a pas été réalisée par les digues telles qu'on les a construites.

C'est encore ainsi que, si l'on renonce à l'emploi des réservoirs pour mettre le débit maximum des grandes crues de la Loire en harmonie avec la capacité du lit endigué actuel, on est conduit à rendre insubmersibles quelques digues défendant des plaines de faible largeur, et à admettre la submersion de certaines plaines de grande largeur, en facilitant cette submersion au moyen de déversoirs pratiqués dans les digues de défense, au-dessus du niveau des grandes crues ordinaires.

Ces divers travaux, variables suivant les circonstances, ne sont que des expédients ayant pour but de corriger autant que possible les défauts des ouvrages antérieurs.

Il est à remarquer que, pour défendre les plaines

submersibles, on n'a jusqu'à présent construit que des digues longitudinales, et que ce sont ces ouvrages, dont on peut cependant obtenir de bons effets, qu'il faut aujourd'hui compléter par d'autres travaux.

C'est qu'en effet les digues ne donnent le moyen de défendre efficacement les plaines submersibles qu'à la condition d'être convenablement disposées et construites. Dans le cas contraire, elles deviennent souvent nuisibles; et c'est ainsi que, dans les grandes inondations, elles ont été la cause de tant de troubles et de désastres.

J'ai essayé, dans cet écrit, de dégager la question des inondations des difficultés provenant de l'existence d'ouvrages antérieurement construits dans les vallées que l'on veut défendre, et d'indiquer les fonctions que remplissent réellement, suivant les circonstances, les différents ouvrages que l'on peut employer contre les inondations.

Cette étude pourra peut-être contribuer, je le désire du moins, à faire cesser les dissidences qui existent sur la valeur de ces ouvrages, et que je signalais dans le préambule de ce mémoire.

Pl. I

Coccaglio

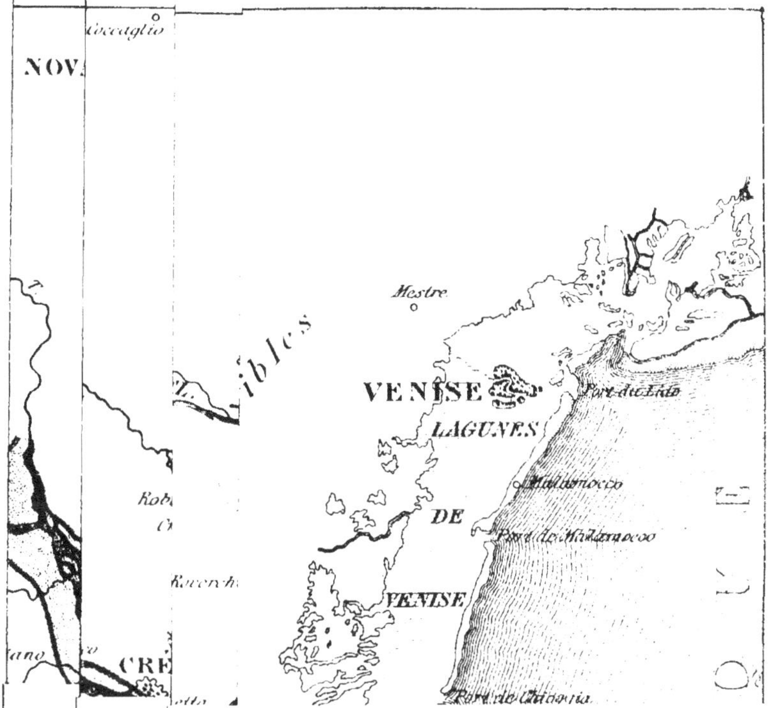

NOV.

Mestre

VENISE

Port du Lido

LAGUNES

DE

VENISE

Malamocco

Port de Malamocco

CRE

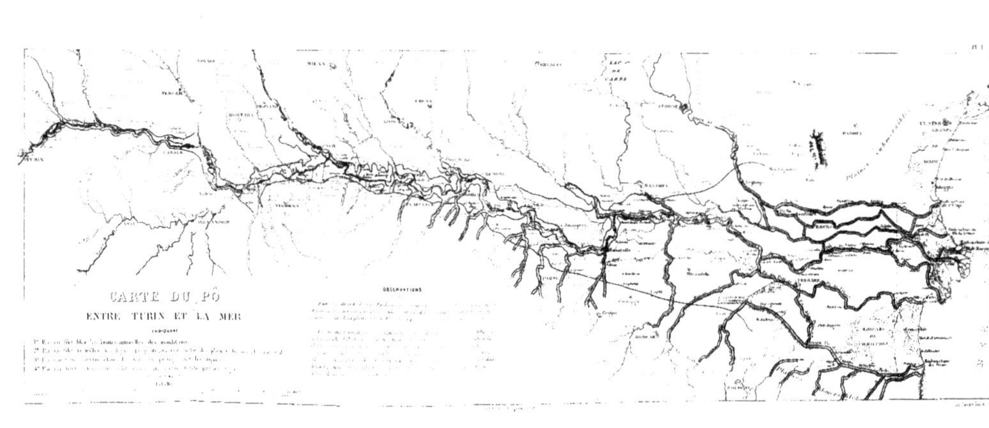
Pl. 1
TURIN
MILAN
LAC DE GARDE
MANTOUE
FERRARE
VENISE
OBSERVATIONS
CARTE DU PÔ
ENTRE TURIN ET LA MER
INDIQUANT

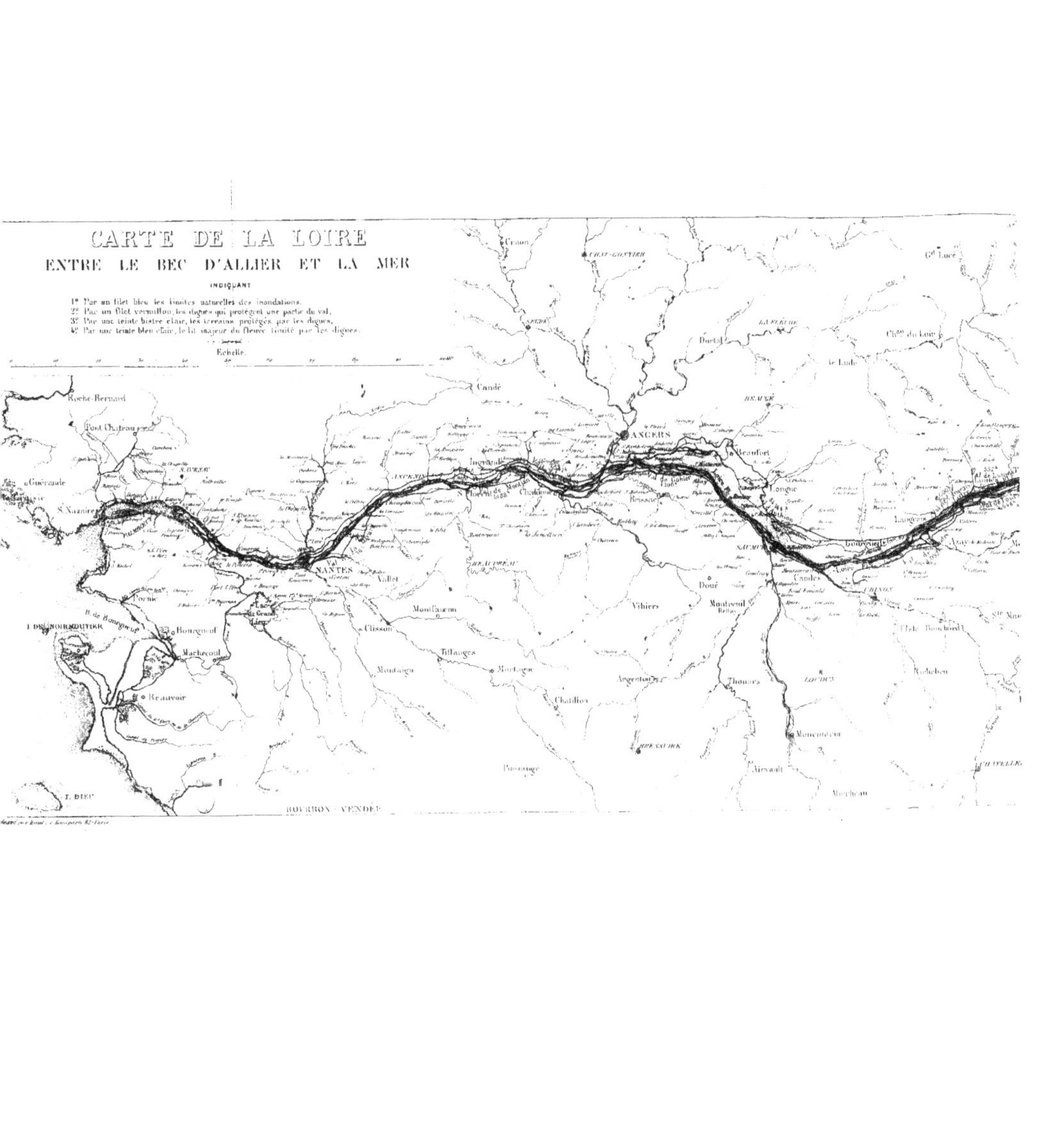
CARTE DE LA LOIRE
ENTRE LE BEC D'ALLIER ET LA MER
INDIQUANT
1° Par un filet bleu les limites naturelles des inondations.
2° Par un filet vermillon, les digues qui protègent une partie du val,
3° Par une teinte bistre clair, les terrains protégés par les digues,
4° Par une teinte bleu clair, le lit majeur du fleuve limité par les digues.
Echelle.
Roche-Bernard
Pont Château
Guérande
S. Nazaire
Craon
Candé
ANGERS
Beaufort
Dortal
Châu du Loir
le Lude
Ingrande
Chalonne
NANTES
Vallet
Clisson
Montfaucon
Tiffauges
Mortagne
Montaigu
Châtillon
Vihiers
Doué
Montreuil Bellay
Thouars
Airvault
Moncontour
Loudun
Richelieu
Chinon
Candes
Langeais
Azay le Rideau
Bourgneuf
Machecoul
Beauvoir
Pornic
I. DE NOIRMOUTIER
I. DIEU
Bressuire
Argenton
BOURBON-VENDÉE

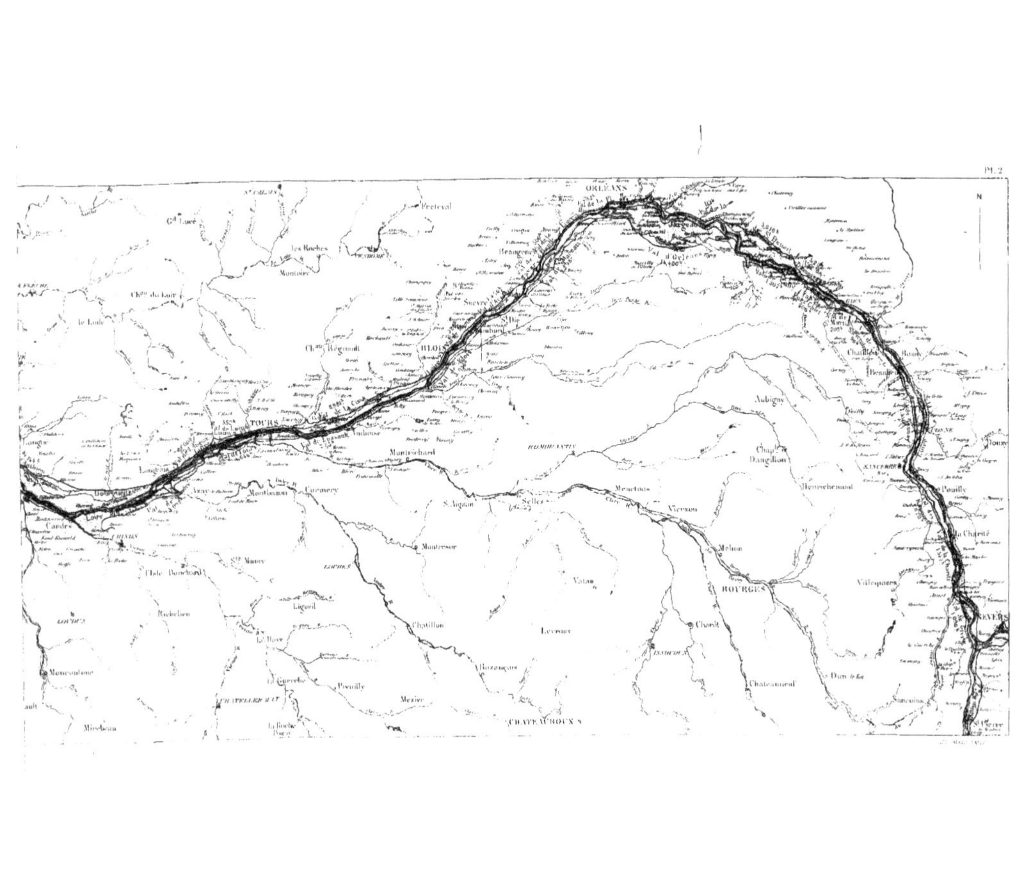

Pl. 2
N
ORLÉANS
BLOIS
TOURS
BOURGES
CHATEAUROUX
NEVERS
Freteval
Gd Lucé
Les Roches
Montoire
Chon du Loir
le Loir
Beaugency
Suevre
St Dié
Chon Régnault
Amboise
Montrichard
Langeais
Azay
Montbazon
Cormery
Candes
Loire
St Aignan
Selles
Montresor
Chatillon
Levroux
Vatan
Menetou
Vierzon
Mehun
Aubigny
Chapelle Dangillon
Henrichemont
Villequiers
Chateauneuf
Charôt
Sancoins
Pouilly
la Charité
Richelieu
Ligueil
la Haye
la Guerche
Preuilly
Mezière
Buzançais
La Roche Posay
Moncontour
Mirebeau
L'Isle Bouchard
Ste Maure

www.ingramcontent.com/pod-product-compliance
Ingram Content Group UK Ltd.
Pitfield, Milton Keynes, MK11 3LW, UK
UKHW021059260726
13994UKWH00002B/601